Doris Astleitner/Elisabeth Krassnig/
Gabriele Wehlend

Lern- und Arbeitstechniken im Deutschunterricht

Schritt für Schritt Lernkompetenz entwickeln

6. Klasse

Kopiervorlagen mit Lösungen

D1718313

BRIGG Pädagogik

Gedruckt auf umweltbewusst gefertigtem, chlorfrei gebleichtem
und alterungsbeständigem Papier.

1. Auflage 2008
Nach den seit 2006 amtlich gültigen Regelungen der Rechtschreibung
© by Brigg Pädagogik Verlag GmbH, Augsburg
Alle Rechte vorbehalten.

Originalausgabe: © GS-Multimedia, Verlag Dr. Michael Lemberger
A-1170 Wien, www.gsmm.at

Covergestaltung: Gernot Lauboeck, da
1050 Wien

www.lauboeckdesign.at

ISBN 978-3-87101-323-2   www.brigg-paedagogik.de

Astleitner/Krassnig/Wehlend: Lern- und Arbeitstechniken 6. Klasse
© Brigg Pädagogik Verlag GmbH, Augsburg

Warum ist der Aufbau von Methodenkompetenz von Bedeutung?

Auch auf die Schule wirkt in den letzten Jahren ein beträchtlicher **Veränderungsdruck.** Die **Globalisierung, Internationalisierung** und **Technisierung** aller Lebensbereiche, die gestiegenen Erwartungen der Wirtschaft und die rasch sinkende Halbwertszeit alles Wissens verlangen von der Schule, dass sie sich mit diesen Anforderungen auseinandersetzt und Änderungen andenkt.

Von zentraler Bedeutung für Schüler und Schülerinnen und daher auch für uns Pädagogen und Pädagoginnen ist das **lebensbegleitende Lernen**, das Lösen von komplexen Aufgabenstellungen im Team. Der Erwerb von Wissen tritt zugunsten der Entwicklung und Förderung dynamischer Fähigkeiten und Fertigkeiten zurück. Selbstständigkeit, Entscheidungsfähigkeit, Teamfähigkeit, fachliche Kompetenz, Kooperation, ganzheitliches Betrachten von Problemstellungen, Problemlösungsvermögen, Flexibilität, Anpassungsfähigkeit, Kreativität und Kommunikation sind als grundlegende Kriterien in den Mittelpunkt der Persönlichkeitsbildung gerückt. Überall, in Schule, Ausbildung und Arbeitswelt gewinnen diese sogenannten **Schlüsselqualifikationen**, grundlegende Fähigkeiten und Fertigkeiten, die relativ unabhängig vom Verwendungsbereich sind, an Bedeutung.

Selbstbestimmtes Arbeiten und exemplarisches Lernen sollen Schüler und Schülerinnen zu flexiblen, dynamischen, kommunikativen und teamfähigen Menschen heranbilden.

Wie kann Methodenkompetenz aufgebaut und trainiert werden?

Der Schwerpunkt liegt in einem **Training diverser Lern- und Arbeitstechniken**, die den **Aufbau der Methodenkompetenz** unterstützen. Methodenkompetenz, die

a.) die Autonomie und Selbstständigkeit des Schülers, der Schülerin erst möglich macht,

b.) zu mehr Lernerfolg führt,

c.) den Lehrer, die Lehrerin entlastet,

d.) die Aneignung von Wissen erleichtert und

e.) zu mündiger Selbstbestimmung führt.

Nicht das Tatsachenwissen steht im Vordergrund, wesentlich sind **spezifische Lern- und Arbeitstechniken** mittels derer der Schüler, die Schülerin sich seinen/ihren eigenen Lernprozess gestalten und sich neues Wissen aktiv aneignen kann, transferierbare Verfahren, die immer wieder angewendet werden können und Zugänge zu Wissen ermöglichen. Diese Lern- und Arbeitstechniken sind das nötige „Handwerkszeug", das Schüler und Schülerinnen zu selbstbestimmtem, aktivem Handeln befähigt, bei der Bewältigung kommunikativer und kooperativer Aufgaben hilft und die **Entwicklung**, das **Training** und den **Transfer** der **Schlüsselqualifikationen** unterstützt.

Das Erlernen und Trainieren der Lern- und Arbeitstechniken gehört auch zu den **Aufgaben des Deutschunterrichts.**

Dafür sind Unterrichtssequenzen nötig, die die Aneignung von Wissen und die Weitergabe von Informationen, die Kommunikationsfähigkeit, erleichtern.

Die Lern- und Arbeitstechniken sollen die Schüler und Schülerinnen aber nicht isoliert erlernen, sondern nur **in Beziehung zu bestimmten Inhalten** bzw. Sachverhalten. Im Deutschunterricht wird dies im Zusammenhang mit Sprechen, Schreiben, Lesen, Sprachbetrachtung und Rechtschreiben geschehen. Anknüpfungspunkte zu anderen Fächern unterstützen diesen Prozess **(fächerübergreifender und fächerverbindender Aspekt).**

Astleitner/Krassnig/Wehlend: Lern- und Arbeitstechniken 6. Klasse
© Brigg Pädagogik Verlag GmbH, Augsburg

Die Lern- und Arbeitstechniken für die 6. Klasse bieten zu fünf wichtigen Themenbereichen (Fantasie und Neugierde, Ökonomie, Gesundheit, Informationstechnologie und Ökologie) je ein **zeit- und lebensnahes Thema**, anhand dessen relevante Lern- und Arbeitstechniken als Vorbereitung auf ein lebensbegleitendes Lernen in Form von Arbeitsblättern eingeführt, trainiert und angewendet werden. Schritt für Schritt soll so bei den Schülern und Schülerinnen **Methodenkompetenz** aufgebaut und geschult werden.

Die Lern- und Arbeitstechniken unterstützen den fächerübergreifenden und fächerverbindenden Unterricht und können auch im projektorientierten Arbeiten Verwendung finden.

Methodisch durchdachte Impulse und klar formulierte Arbeitsanleitungen schaffen die Voraussetzung für ein selbstständiges Arbeiten der Schüler und Schülerinnen.

Um auf die individuellen Bedürfnisse der Schüler und Schülerinnen eingehen zu können, ist der Band doppelt gegliedert:

✓ **horizontal:** thematisch
✓ **vertikal:** methodisch

Jeder Lehrer, jede Lehrerin kann so seinen/ ihren individuellen Weg durch ein Thema bestimmen.

Die **vertikale Gliederung** beinhaltet Aktivierung, Training und Transfer. Die **Aktivierung** soll Lernbereitschaft herstellen, gibt genaue Anleitungen und Erklärungen zu den Lern- und Arbeitstechniken und ermöglicht ein erstes Erproben. Das **Training** stellt zu jedem Thema ein konkretes Differenzierungsangebot zur Verfügung, um die Lern- und Arbeitstechniken intensiv zu üben. Der **Transfer** bietet die Möglichkeiten zur Vertiefung und Anwendung der Lern- und Arbeitstechniken speziell im Fachbereich Deutsch.

AKTIVIERUNG	✓ Erproben, Kennenlernen
TRAINING	✓ Differenzierung
TRANSFER	✓ Vertiefung und Anwendung
DIAGNOSE	✓ Lernerfolgskontrolle

Die horizontale Gliederung ist dreiteilig und geht vom Thema aus.

1. **Informationserfassung**
2. **Informationsverarbeitung,**
3. **Kommunikation** – mündliche und schriftliche Informationsweitergabe

Astleitner/Krassnig/Wehlend: Lern- und Arbeitstechniken 6. Klasse
© Brigg Pädagogik Verlag GmbH, Augsburg

Informations-erfassung	Informations-verarbeitung	Kommunikation – mündliche und schriftliche Informations-weitergabe

Zu jedem Thema gibt es eine Übersichtsseite, die auf einen Blick alle Lern- und Arbeitstechniken zeigt, die vermittelt, trainiert und angewendet werden. Sie erleichtert dem Lehrer, der Lehrerin die Vorbereitung und kann in offenen Lernformen als Arbeitsplan eingesetzt werden. Der Bereich **Diagnose** bietet

✓ für die Hand des Schülers, der Schülerin jeweils eine Seite als Teil eines persönli-

chen Lerntagebuchs, um eigene Lernwege zu reflektieren

✓ für die Hand des Lehrers, der Lehrerin einen Raster mit Bewertungskriterien, die eine detaillierte Rückmeldung erleichtern und ebenfalls ein Teil des persönlichen Lerntagebuchs jedes Schülers, jeder Schülerin sein sollen.

Das letzte Kapitel ist ein **Planspiel**. Hier trainiert der Schüler, die Schülerin bereits gelernte Lern- und Arbeitstechniken und erhält Gelegenheit bereits Erprobtes anzuwenden.

Doris Astleitner
Elisabeth Krassnig
Gabriele Wehlend

Astleitner/Krassnig/Wehlend: Lern- und Arbeitstechniken 6. Klasse
© Brigg Pädagogik Verlag GmbH, Augsburg

Themenkreis: Fantasie und Neugierde

IN DER WELT DER MUSIK

	Informationserfassung	Informationsverarbeitung	Kommunikation
Aktivierung	☐ Auf Plänen orientieren ☐ Markieren und beschreiben	☐ Einen Lückentext ergänzen ☐ Überschriften finden	☐ Inhalte systematisieren ☐ Informationen sammeln
Training	☐ Auf Plänen orientieren ☐ Markieren und beschreiben	☐ Einen Lückentext ergänzen ☐ Überschriften finden	☐ Inhalte systematisieren ☐ Informationen zielgerichtet sammeln
Transfer	☐ Zitate ordnen ☐ Texte interpretieren und chronologisch ordnen	☐ Einen Zeitstreifen ergänzen ☐ Informationen verknappen	☐ Eine Präsentationsmappe gestalten ☐ Eine Präsentationsmappe präsentieren
Diagnose	**LERNTAGEBUCH** für die Hand des Schülers/der Schülerin **FEEDBACK BOGEN** für die Hand des Lehrers/der Lehrerin		

Aktivierung

HAUS DER MUSIK
Seilerstätte 30
A-1010 Wien
Tel. ++43-1-516 48
Fax ++43-1-512 03 15
info@hdm.at
www.hausdermusik.at
Öffnungszeiten:
täglich 10:00-22:00

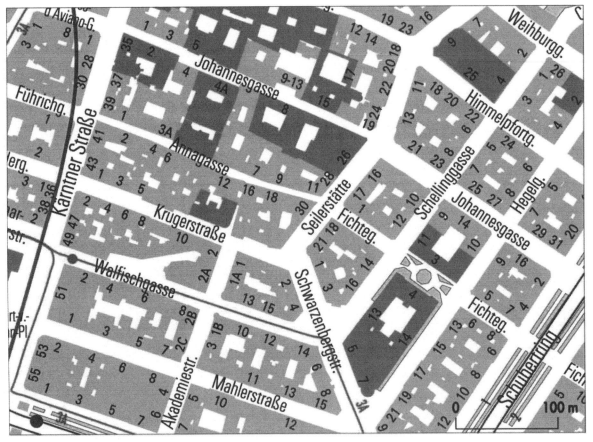

(www.wien.gv.at)

🔊 Markiere im Stadtplan mit einem Textmarker den kürzesten Weg von der Kärntnerstraße 49 zum Haus der Musik in der Seilerstätte 30!

🔊 Schreibe die Wegbeschreibung auf und beachte dabei die Informationen am rechten oberen Bildrand!

Themenkreis: **Fantasie und Neugierde**

Astleitner/Krassnig/Wehlend: Lern- und Arbeitstechniken 6. Klasse
© Brigg Pädagogik Verlag GmbH, Augsburg

Training

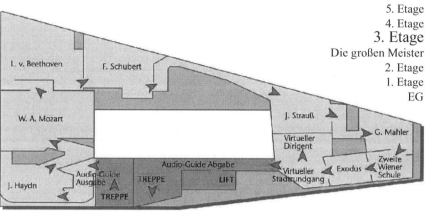

5. Etage	HAUS DER MUSIK
4. Etage	Seilerstätte 30
3. Etage	A-1010 Wien
Die großen Meister	Tel. ++43-1-516 48
2. Etage	Fax ++43-1-512 03 15
1. Etage	info@hdm.at
EG	www.hausdermusik.at

Öffnungszeiten:
täglich 10:00-22:00

Audio-Guide Ausgabe	Gustav Mahler
Joseph Haydn	Zweite Wiener Schule
Wolfgang Amadeus Mozart	Exodus
Ludwig van Beethoven	Virtueller Stadtrundgang – Ein Raum des Innehaltens.
Franz Schubert	Virtueller Dirigent – Greifen Sie zum Taktstock!
Johann Strauß	Audio-Guide Abgabe

Welchem Musiker ist das erste Zimmer am Beginn des Rundgangs gewidmet?

_____

In welche Etage muss ich gehen, damit ich die Ausstellung der großen Meister sehen kann?

_____

Welcher Komponist wird am Ende des Rundganges vorgestellt?

_____

Wie viele Etagen hat das Haus der Musik?

_____

Um wie viel Uhr schließt das Museum?

_____

Findet der Rundgang auf dieser Etage …

◯ im Uhrzeigersinn   ◯ gegen den Uhrzeigersinn statt?

🔊 Betrachte den Etagenplan des Museums und beantworte die Fragen schriftlich!

🔊 Zeichne den Rundweg auf dieser Etage mit einem Buntstift in den Plan ein!

Astleitner/Krassnig/Wehlend: Lern- und Arbeitstechniken 6. Klasse
© Brigg Pädagogik Verlag GmbH, Augsburg

Themenkreis: **Fantasie und Neugierde**

Transfer I

Der zehnjährige Carl Czerny beschreibt seinen Lehrer: „Beethoven (…) war in eine Jacke von langhaarigem, dunkelgrauem Zeuge und gleichen Beinkleidern gekleidet (…). Das pechschwarze Haar sträubte sich zottig um seinen Kopf. (…) Auch bemerkte ich sogleich mit dem bei Kindern gewöhnlichen Schnellblick, dass er in beiden Ohren Baumwolle hatte, welche in eine gelbe Flüssigkeit getaucht schien."

„ (…) meine Ohren, die sausen und brausen Tag und Nacht fort, ich kann sagen, ich bringe mein Leben elend zu (…)."

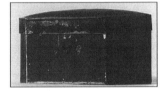

„ (…) und es ist das erste Mal, dass ich fühle, dass Heiraten glücklich machen könnte."

„ Es ist vielleicht das einzig Geniemäßige, was an mir ist, dass meine Sachen sich nicht immer in der besten Ordnung befinden!"

„…er (Beethoven) bringt auf seinem Klavier Schwierigkeiten und Effekte hervor, von denen wir uns nie etwas haben träumen lassen."

(www.hausdermusik.at)

📢 Lies die Zitate und ordne sie den passenden Ausstellungsstücken (= Exponaten) im Beethovenzimmer zu!

📢 Lege eine Reihenfolge fest, in der die Exponate ausgestellt werden sollen!

Themenkreis: **Fantasie und Neugierde**

Astleitner/Krassnig/Wehlend: Lern- und Arbeitstechniken 6. Klasse
© Brigg Pädagogik Verlag GmbH, Augsburg

Transfer II

Beethoven: das Genie

Beethovens Junggesellenhaushalt hätte wohl einer starken ordnenden Hand bedurft, die das „Geniemäßige" eingedämmt hätte: „Staubig und untereinander geworfen seine Papiere und Habseligkeiten, unausgebürstet seine Kleider, bei allem blendendem Weiß und Reinheit seiner Wäsche und trotz des vielfachen Waschens seines Körpers", wie ein Jugendfreund Beethovens berichtet.

Doch sein Umgang mit dem Personal führte nicht dazu, dass es eine Haushälterin oder ein Küchenmädchen länger bei ihm ausgehalten hätte. Beethoven schreibt an eine Freundin: „Ganz ehrlich halt' ich die Nanni [Haushälterin] nicht, außerdem, dass sie noch obendrein ein schreckliches Vieh ist. Nicht durch Liebe, sondern durch Furcht müssen dergleichen Leute gehandhabt werden, ich sehe das jetzt ganz klar ein (..). Die Fräulein Nanni ist ganz umgewandelt, seit ich ihr das halbe Dutzend Bücher an den Kopf geworfen habe (…).

Ludwig van Beethoven begann seine Karriere in Wien als Pianist. Bis 1815 trat er öffentlich auf und ließ sein Publikum mit seinen Kompositionen völlig neue Facetten des Klavierspiels im Technischen und im Ausdruck hören.

Der bekannte Klavierbauer Thomas Broadwood lernte Beethoven 1817 kennen, hörte ihn spielen und beschloss, ihm das modernste Instrument aus seiner Fabrik zu schenken. Die Wiener Zeitung berichtete: „Herr Ludwig van Beethoven, dem nicht nur Österreich, sondern auch das Ausland durch Anerkennung seines hohen, weit umfassenden musikalischen Genies huldigt, erhielt aus London von einem seiner dortigen Verehrer ein sehr seltenes und kostbares Fortepiano zum Geschenke, welches demselben frachtfrei bis nach Wien geliefert ward. Mit besonderer Liberalität erließ die k.k. allgemeine Hofkammer den Eintrittszoll, dem sonst fremde musikalische Instrumente unterliegen." Das Klavier wurde in Wien zu einer Sensation und stand bis zu Beethovens Tod zusammen mit einem Flügel des Wiener Klavierbauers Konrad Graf in seiner Wohnung in der Schwarz-spanierstraße im neunten Bezirk.

(Krones,H.: Ludwig van Beethoven. Werk und Leben. Reihe Musikportraits. Holzhausen, Wien, 1999)

🔊 Lies die Anekdoten (= kurze, kennzeichnende Geschichten) über das Leben Beethovens. Zu welchen Exponaten auf Seite 12 würden sie passen?

🔊 Begründe deine Entscheidung!

Astleitner/Krassnig/Wehlend: Lern- und Arbeitstechniken 6. Klasse
© Brigg Pädagogik Verlag GmbH, Augsburg

Themenkreis: **Fantasie und Neugierde**

Aktivierung

Das Beethoven Haus

Probusgasse 6, 19. Bezirk, Wien

Ludwig van Beethoven wurde am 16. Dezember 1770 in Bonn geboren. Sein Großvater war Chorleiter, sein Vater gab ihm bereits früh Musikunterricht. Im Alter von acht Jahren trat er erstmalig öffentlich auf.

Als 17-Jähriger kam Beethoven zum ersten Mal nach Wien um bei Mozart Unterricht zu nehmen. Sie trafen einander jedoch nur kurz. Erst nach dem Tode Mozarts, im Jahr 1792, ließ sich Beethoven in Wien nieder. Er nahm Unterricht bei Josef Haydn und begann seine Karriere in der Bundeshauptstadt als Klavierspieler.

Beethovens Gehörleiden begann bereits im Alter von 28 Jahren. Zunächst konnte er hohe Töne von Stimmen oder Instrumenten nicht mehr hören; später waren ihm laute Geräusche unerträglich, bis er schließlich im Jahre 1819 völlig ertaubte. Außerdem litt Beethoven bereits seit Kindheit an einem empfindlichen Magen.

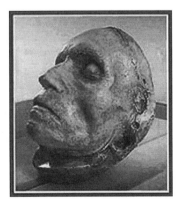

Eine seiner schönsten Sonaten, die sogenannte Mondscheinsonate, widmete er einer Schülerin, in die er unsterblich verliebt war. Beethovens Liebe wurde aber nicht erwidert – Giulietta heiratete einen Grafen.

Am 26. März 1827 starb Beethoven an den Folgen einer Lebererkrankung in Wien. Sein Grabmal ist heute noch im Wiener Zentralfriedhof zu besichtigen.

(www. wienmuseum.at)

Themenkreis: **Fantasie und Neugierde**

Astleitner/Krassnig/Wehlend: Lern- und Arbeitstechniken 6. Klasse
© Brigg Pädagogik Verlag GmbH, Augsburg

Aktivierung

Biografie: Ludwig van Beethoven

🎵🎵 _____

Ludwig van Beethoven wurde am .... in Bonn geboren. Sein Großvater war Chorleiter, sein Vater gab ihm bereits früh Musikunterricht. Im Alter von acht Jahren trat er erstmalig öffentlich auf.

🎵🎵 _____

Als 17-Jähriger kam Beethoven zum ersten Mal nach Wien um bei Mozart Unterricht zu nehmen. Sie trafen einander jedoch nur kurz. Erst nach dem Tode Mozarts, im Jahr 1792, ließ sich Beethoven in Wien nieder. Er nahm Unterricht bei .... und begann seine Karriere in der Bundeshauptstadt als ....

🎵🎵 _____

Beethovens Gehörleiden begann bereits im Alter von .... Jahren. Zunächst konnte er .... Töne von Stimmen oder Instrumenten nicht mehr hören; später waren ihm laute Geräusche unerträglich, bis er schließlich im Jahre .... völlig ertaubte. Außerdem litt Beethoven bereits seit Kindheit an einem .... Magen.

🎵🎵 _____

Eine seiner schönsten Sonaten, die sogenannte ...., widmete er einer Schülerin, in die er unsterblich verliebt war, Beethovens Liebe wurde aber nicht erwidert – .... heiratete einen Grafen.

🎵🎵 _____

Am 26. März 1827 starb Beethoven an den Folgen einer Lebererkrankung in .... Sein Grabmal ist heute noch im .... zu besichtigen.

(www.wienmuseum.at)

📢 Ergänze den Lückentext! Die Lösungswörter findest du im Kapitel „Das Beethoven Haus" auf Seite 14!

📢 Finde zu jedem Absatz eine passende Zwischenüberschrift!

Astleitner/Krassnig/Wehlend: Lern- und Arbeitstechniken 6. Klasse
© Brigg Pädagogik Verlag GmbH, Augsburg

Themenkreis: **Fantasie und Neugierde**

Training

Biografie: Ludwig van Beethoven

♫♫ _____

Ludwig van Beethoven wurde am 16. Dezember 1770 in Bonn geboren. Sein Großvater war Chorleiter, sein Vater gab ihm bereits früh Musikunterricht. Im Alter von acht Jahren trat er erstmalig öffentlich auf.

♫♫ _____

Als 17-Jähriger kam Beethoven zum ersten Mal nach Wien um bei Mozart Unterricht zu nehmen. Sie trafen einander jedoch nur kurz. Erst nach dem Tode Mozarts, im Jahr 1792, ließ sich Beethoven in Wien nieder. Er nahm Unterricht bei Josef Haydn und begann seine Karriere in der Bundeshauptstadt als Klavierspieler.

♫♫ _____

Beethovens Gehörleiden begann bereits im Alter von 28 Jahren. Zunächst konnte er hohe Töne von Stimmen oder Instrumenten nicht mehr hören; später waren ihm laute Geräusche unerträglich, bis er schließlich im Jahre 1819 völlig ertaubte.
Außerdem litt Beethoven bereits seit Kindheit an einem empfindlichen Magen.

♫♫ _____

Eine seiner schönsten Sonaten, die sogenannte Mondscheinsonate, widmete er einer Schülerin, in die er unsterblich verliebt war, Beethovens Liebe wurde aber nicht erwidert – Giulietta heiratete einen Grafen.

♫♫ _____

Am 26. März 1827 starb Beethoven an den Folgen einer Lebererkrankung in Wien. Sein Grabmal ist heute noch im Wiener Zentralfriedhof zu besichtigen.

(www.wienmuseum.at)

🔊 Finde zu jedem Absatz eine passende Zwischenüberschrift!

🔊 Gestalte ein Plakat von Beethovens Biografie!

Astleitner/Krassnig/Wehlend: Lern- und Arbeitstechniken 6. Klasse
© Brigg Pädagogik Verlag GmbH, Augsburg

Transfer

Zeitstreifen

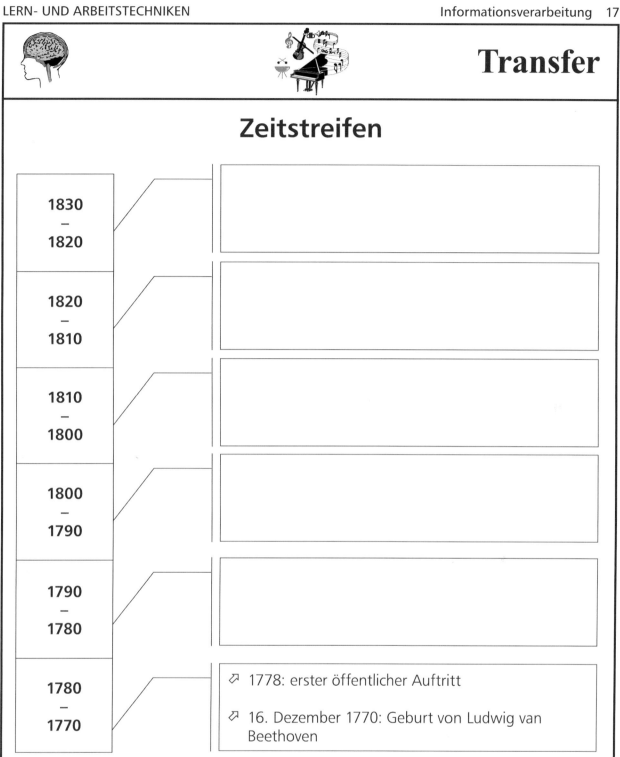

1830 – 1820	
1820 – 1810	
1810 – 1800	
1800 – 1790	
1790 – 1780	
1780 – 1770	↗ 1778: erster öffentlicher Auftritt ↗ 16. Dezember 1770: Geburt von Ludwig van Beethoven

📢 Ergänze den Zeitstreifen! Verwende dafür die Informationen aus Beethovens Biografie auf Seite 16 und den Anekdoten auf Seite 13! (ACHTUNG: Einige Male findest du nur die Altersangabe von Beethoven; da musst du rechnen!) Ordne die Informationen chronologisch!

📢 Welche Informationen fehlen noch? Informiere dich in Musikbüchern und Nachschlagwerken oder suche im Internet!

Themenkreis: **Fantasie und Neugierde**

 # Aktivierung

Anlegen einer Präsentationsmappe

🔊 Das sind mögliche Kapitel deiner Präsentationsmappe zum Thema Beethoven. Ordne die Themenbereiche, indem du sie von eins bis sieben nummerierst!

🔊 Zu welchen Themenbereichen passen die Informationen auf den Arbeitsblättern von Seite 11 bis Seite 15?

🔊 Schneide die Informationen aus (oder schreibe sie mit schöner Schrift ab) und klebe sie geordnet auf ein leeres Blatt!

🔊 Lege eine Mappe an, in der du entsprechend des Inhaltsverzeichnisses die Materialien sammelst!

🔊 Ergänze die Mappe mit eigenen Bildern und Materialien!

Astleitner/Krassnig/Wehlend: Lern- und Arbeitstechniken 6. Klasse
© Brigg Pädagogik Verlag GmbH, Augsburg

Training

Gestalten eines Deckblattes

Ludwig van Beethoven

(.... bis ....)

Name: _____

 Bemale das Deckblatt für deine Präsentationsmappe über Beethoven!

 Schneide die Informationen auf den Arbeitsblättern von Seite 11 bis Seite 15 aus (oder schreibe sie mit schöner Schrift ab) und klebe sie geordnet auf ein leeres Blatt!

 Lege sie in deine Mappe und ergänze sie mit eigenen Bilder und Materialien!

Themenkreis: **Fantasie und Neugierde**

Transfer I

Präsentieren der Mappe I

Checkliste: Vorarbeiten

Um deine Arbeiten auch gut präsentieren zu können, musst du viele Punkte beachten!

☐ **Wahl der Mappe** (je nach Seitenumfang)

➲ Ringbuchmappe

➲ Ordner

➲ Flügelmappe

☐ **Layout** (Gestaltung der Seite mit Bild und Text) des Deckblattes (siehe Seite 19)

☐ **Inhaltsverzeichnis** mit Kapitelüberschriften und kurzen Kapitelerklärungen
(siehe Seite 18)

☐ **Informationsblätter**

➲ einheitliches Layout

➲ Platzaufteilung

➲ Bilder

➲ Schriftgröße

☐ **Seite mit persönlicher Meinung** zum Thema

> **Viele Tipps zum Gestalten von Heftseiten oder Arbeitsblättern findest
> du auch in Lern- und Arbeitstechniken, 5. Klasse!**

◀)) Gestalte deine Präsentationsmappe nach dieser Checkliste!

Astleitner/Krassnig/Wehlend: Lern- und Arbeitstechniken 6. Klasse
© Brigg Pädagogik Verlag GmbH, Augsburg

Transfer II

Präsentieren der Mappe II

Beim Präsentieren der Mappe vor der Klasse musst du dir den Ablauf vorher überlegen!

Welche Informationen waren für mich besonders interessant?

Was habe ich Neues erfahren?

Welche Musikbeispiele kann ich bei der Präsentation vorstellen?

Was war bei meiner Arbeit schwierig?

Viele Tipps zum richtigen Vortragen findest du auch in Lern- und Arbeitstechniken, 5. Klasse!

🔊 Überlege dir zu jeder Frage eine oder mehrere Antworten!

🔊 Schreibe zusammengehörige Antworten untereinander auf, damit sie chronologisch (= nach der Zeit geordnet) präsentiert werden können!

Themenkreis: **Fantasie und Neugierde**

Diagnose   Lerntagebuch

Ein Tagebuch dient dazu seine Erlebnisse, Gefühle und Gedanken aufzuschreiben. Das Lerntagebuch soll dir helfen dein eigenes Lernen genauer unter „die Lupe zu nehmen", deine Stärken und Schwächen besser einzuschätzen und selbstständig zu überlegen, was du noch besser machen könntest. Schreibe daher nach dem Bearbeiten der einzelnen Aufgaben zum Thema „In der Welt der Musik" auf, was du gelernt hast, was du bereits gut kannst, was dir Spaß gemacht hat und was noch Probleme bereitet.

Das habe ich gelernt:

Besonders leicht gefallen ist mir:

Das gefiel mir besonders gut:

Das müsste ich noch üben:

Themenkreis: **Fantasie und Neugierde**

Astleitner/Krassnig/Wehlend: Lern- und Arbeitstechniken 6. Klasse
© Brigg Pädagogik Verlag GmbH, Augsburg

Diagnose   Feedback Bogen

Name: _____

ORIENTIEREN, MARKIEREN, BESCHREIBEN, FRAGEN BEANTWORTEN UND TEXTE INTERPRETIEREN

- ☐ Kürzeste Wegstrecke im Plan gefunden
- ☐ Wegstrecke markiert
- ☐ Wegstrecke mündlich/schriftlich beschrieben
- ☐ Fragen richtig beantwortet (Anzahl: … von sechs)
- ☐ Zitate richtig zugeordnet (Anzahl: … von fünf)
- ☐ Exponate chronologisch/eigendefiniert gereiht

LÜCKENTEXT ERGÄNZEN, ÜBERSCHRIFTEN FINDEN, CHRONOLOGIEN VERVOLLSTÄNDIGEN UND INFORMATIONEN VERKNAPPEN

- ☐ Lückentext ergänzt (überwiegend/teilweise/zusammenhanglos)
- ☐ Überschriften ergänzt (überwiegend/teilweise/zusammenhanglos)
- ☐ Zeitstreifen chronologisch richtig ausgefüllt
- ☐ Alle verfügbaren Informationen eingesetzt
- ☐ Biografische Daten inhaltlich verknappt

PRÄSENTATIONSMAPPE ANLEGEN UND PRÄSENTIEREN

- ☐ Inhaltsverzeichnis geordnet
- ☐ Deckblatt ansprechend gestaltet
- ☐ Gestaltung der Mappe nach Checkliste durchgeführt
  (Anzahl: … von fünf Punkten)
- ☐ Ablauf der Präsentation überlegt

Persönliche Bemerkungen:

Themenkreis: Ökonomie

	Informationserfassung	Informationsverarbeitung	Kommunikation
Aktivierung	☐ Lesen – die Augen-muskulatur trainieren	☐ Sinnerfassend lesen ☐ 5-Schritte-Lesemethode erschließen	☐ Einen Sachtext in Stichwörtern zusammen-fassen
Training	☐ Lesen – die Augen muskulatur trainieren	☐ Sinnerfassend lesen ☐ Frage – Antwort – Puzzle lösen	☐ Wortgruppen zuordnen
Transfer	☐ Lesen – die rasche Wort-auffassung trainieren	☐ Schriftliche Aussagen überprüfen	☐ Ein Plakat gestalten ☐ Tipps für ein Referat erschließen
Diagnose	**LERNTAGEBUCH** für die Hand des Schülers/der Schülerin **FEEDBACK BOGEN** für die Hand des Lehrers/der Lehrerin		

Themenkreis: **Ökonomie**

Astleitner/Krassnig/Wehlend: Lern- und Arbeitstechniken 6. Klasse
© Brigg Pädagogik Verlag GmbH, Augsburg

Aktivierung

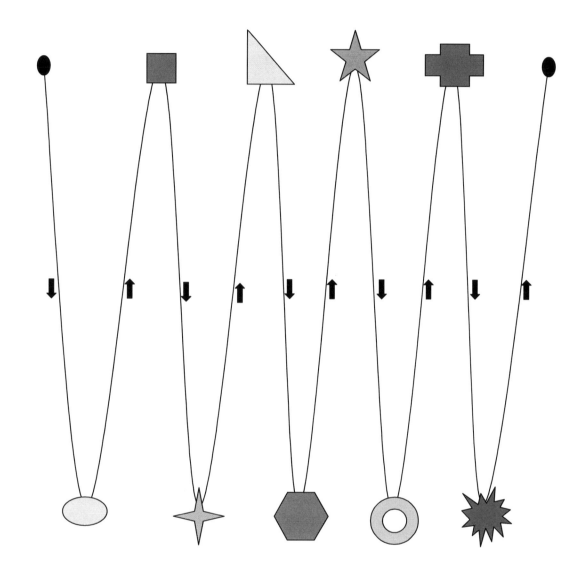

🔊 Lass nur deine Augen in Pfeilrichtung aufwärts und abwärts von Symbol zu Symbol gleiten! Halte dabei einen Leseabstand (Entfernung Augen – Blatt) von ungefähr 30 – 50 cm ein!

🔊 Vergrößere bei einem zweiten Durchgang den Leseabstand auf 80 – 100 cm! Mache die Übung jeweils 2x!

Themenkreis: **Ökonomie**

Training

📣 Folge nur mit den Augen jeder Spur dieses Slalomlaufes vom Start bis ins Ziel! Notiere welcher Buchstabe zu welcher Zahl gehört!

A – _____   C – _____   F – _____   H – _____   K – _____

Astleitner/Krassnig/Wehlend: Lern- und Arbeitstechniken 6. Klasse
© Brigg Pädagogik Verlag GmbH, Augsburg

Transfer

Sofort nach der Pressekonferenz tippt die Journalistin die neuen Informationen in ihren Laptop. Vor ihrem nächsten Termin – ein Treffen mit der momentan erfolgreichsten Boygroup – wirft sie noch einen Blick in ihren Terminplaner, um festzustellen, ob nach dem Interview noch ein Termin anfällt. Anschließend telefoniert sie per Handy mit ihrer Redaktion. Der Bericht über die Pressekonferenz sollte noch heute Abend fix und fertig in der Redaktion eintreffen. „Den muss ich dann zu Hause fertig schreiben und sofort ins Büro mailen. Aber bis 21.00 Uhr bin ich hoffentlich fertig!", denkt die Journalistin.

Sofort nach der Lehrerkonferenz tippt die Journalistin die wichtigen Informationen in ihren Laptop. Vor ihrem nächsten Termin – ein Treffen mit der momentan erfolgreichsten Girlgroup – wirft sie noch einen Blick in ihren Taschenspiegel, um festzustellen, ob nach dem Interview noch ein Vortrag anfällt. Anschließend telefoniert sie per Handy mit ihrer Schwester. Der Bericht über die Pressekonferenz sollte noch heute Abend fix und fertig in der Redaktion eintreffen. „Den muss ich dann zu Hause fertig schreiben und sofort ins Büro senden. Aber bis 21.00 Uhr bin ich hoffentlich fertig!", denkt die Journalistin.

(Oberhuemer, P. u.a.: Neue Technologie. Materialien für Berufsorientierung. bmbwk, Wien, 2000)

Die rechte Spalte unterscheidet sich von der linken durch sieben inhaltliche Unterschiede. Arbeite den Text Zeile für Zeile durch und markiere die Unterschiede in der rechten Spalte mit einem Textmarker!

Astleitner/Krassnig/Wehlend: Lern- und Arbeitstechniken 6. Klasse
© Brigg Pädagogik Verlag GmbH, Augsburg

Themenkreis: **Ökonomie**

Aktivierung I

Wie bearbeite ich einen Sachtext?

VERS . . AF . E DIR Ei . . . Ü . erbl . . k

VERSCHAFFEDIRZUNÄCHSTEINEUNGEFÄHREVORSTELLUNGVOMINHALTDESTEX-
TES,INDEMDUMITDENAUGENOBERFLÄCHLICHÜBERDENTEXTGLEITEST.ACHTEDABEIBE-
SONDERSAUFÜBERSCHRIFTEN,AUFFETTGEDRUCKTEWÖRTER, AUFHERVORHEBUN-
GEN,AUFANFÄNGEEINZELNERABSCHNITTE.

STE . . E F . . GEN

ÜBERLEGEDIRAUFWELCHEFRAGENDIRDERTEXTANTWORTGIBT.SCHREIBE
SIEZUNÄCHSTZURÜBUNGAUFEINENZETTEL!

LI . S G . . AU

LIESNUNDENTEXTSORGFÄLTIGUNDGENAUDURCH.DENKEDARAN,WASDU
WISSENWILLST,AUFWELCHEFRAGENDIRDERTEXTANTWORTENGEBENSOLL.

FA . . E Z . S . . MEN

ÜBERLEGEDIRNACHJEDEMTEXTABSCHNITT,WASDUGELESENHAST,UNDOB
DUALLESVERSTANDENHAST.FASSEDENINHALTGEDANKLICHODER
SCHRIFTLICHINEIGENENWORTENZUSAMMEN.

WIE . . . HO . E

WIEDERHOLENOCHEINMAL-MÜNDLICHODERNURINGEDANKEN-DIE WICHTIGSTENGE-
LESENENINFORMATIONEN.VERGISSDIEFRAGENNICHT!

(Klippert, H.: Mehtodentraining. Weinheim/Basel, Beltz, 19987, S. 97)

🔊 Lies die fünf Schritte zur Bearbeitung eines Sachtextes und
zeichne während des Lesens die Wortgrenzen mit einem
senkrechten Strich ein!

🔊 Ergänze die zu jedem Abschnitt passende Überschrift!

Astleitner/Krassnig/Wehlend: Lern- und Arbeitstechniken 6. Klasse
© Brigg Pädagogik Verlag GmbH, Augsburg

Aktivierung II

Arbeitswelt im Wandel

> ┌───┐
> │   │
> └───┘

In den letzten Jahren arbeiten immer mehr Menschen nur zu Hause. Computer und Internetanschluss ermöglichen einen ständigen Zugriff auf Firmendaten. Rasch und unkompliziert werden die Daten auf den eigenen Computer geladen, weiterbearbeitet und die Ergebnisse online wieder zurückgeschickt. Gespräche mit Vorgesetzten, Kollegen/Kolleginnen und Kunden/Kundinnen führt man am Telefon oder schickt eine Mail. Diese Art der Arbeit, die räumlich entfernt von der Firma mit Kommunikationsmitteln und technischen Geräten erledigt wird, heißt TELEARBEIT.

> ┌───┐
> │   │
> └───┘

Manche Menschen sind rascher und bringen bessere Leistungen, wenn sie sich die Arbeit selbst einteilen können. Dies ist zu Hause natürlich besser möglich als in der Firma, wo der Chef/die Chefin jederzeit kontrollieren kann. Langschläfer, die sich am Vormittag nicht so gut konzentrieren können, arbeiten erst am Nachmittag und am Abend. In den meisten Firmen wird auf solche Wünsche nicht eingegangen. Für Menschen, die sich zu Hause am besten konzentrieren können oder lieber zu unüblichen Zeiten arbeiten, ist der Telearbeitsplatz eine gute Möglichkeit.
Auch die Kosten für die Fahrt zur Arbeit fallen weg. Die dadurch eingesparte Zeit kann man der Familie oder Freunden widmen. Die Unternehmen hoffen, dass Telearbeiter und -arbeiterinnen mehr und bessere Leistungen erbringen, außerdem sparen sie die Räume im Firmengebäude und damit auch Kosten.

> ┌───┐
> │   │
> └───┘

Nachteilig für den Arbeitnehmer/die Arbeitnehmerin ist vor allem, dass man vom Leben in der Firma ausgeschlossen ist. Der persönliche Kontakt kann durch Mail und Telefon nicht ersetzt werden. Bei persönlichen Gesprächen hat man gemeinsam gute Ideen, die das Arbeiten unterstützen. Außerdem erfährt man vieles über Vorgänge und Veränderungen in der Firma.

Manche Menschen sitzen zu Hause auch länger am Schreibtisch als in der Firma, denn der Arbeitstag endet erst dann, wenn die Arbeit erledigt ist. Oft leidet die Familie oder Freunde darunter, denn die Grenze zwischen Arbeit und Freizeit verschwimmt.

(Oberhuemer, P. u.a.: Neue Technologie. Materialien für Berufsorientierung. bmbwk, Wien, 2000)

🔊 Bearbeite den Sachtext in fünf Schritten!

🔊 Finde zu jedem Absatz eine passende Zwischenüberschrift, die den Inhalt treffend beschreibt! Schreibe die Überschriften in die Kästchen!

Training

Frage – Antwort - Puzzle

Die Unternehmer hoffen, dass die Mitarbeiter/innen bessere Arbeitsleistungen bringen.

Computer und Internetanschluss ermöglichen jederzeit Zugriff auf Firmendaten.

In persönlichen Gesprächen werden Ideen ausgetauscht, die das Gelingen einer Arbeit unterstützen können.

Wie finden Gespräche mit Vorgesetzten statt?

Telearbeit heißt die Form der Arbeit, die räumlich entfernt von der Firma erledigt wird.

Gespräche mit Vorgesetzten laufen über Telefon und Mail.

Welchen Vorteil haben persönliche Gespräche für die Arbeitnehmer/innen?

Welche Kosten sparen die Unternehmen ein?

Welche Gefahr bringt Telearbeit mit sich?

Welchen Vorteil versprechen sich Unternehmer von der Telearbeit?

Die Räume im Firmengebäude werden eingespart und damit auch Kosten.

Die Arbeitnehmer/innen sind vom sozialen Leben in der Firma ausgeschlossen.

Wodurch haben die Arbeitnehmer/innen jederzeit Zugriff auf Firmendaten?

Eine Gefahr ist, dass die Grenze zwischen Arbeit und Freizeit verschwimmt.

Wovon sind die Arbeitnehmer/innen durch Telearbeit ausgeschlossen?

Wie heißt die Form der Arbeit, die räumlich entfernt von der Firma erledigt wird?

🔊 Finde heraus, welche Frage zu welcher Antwort gehört!
Markiere die beiden Kästchen jeweils mit derselben Farbe!

Themenkreis: **Ökonomie**

Astleitner/Krassnig/Wehlend: Lern- und Arbeitstechniken 6. Klasse
© Brigg Pädagogik Verlag GmbH, Augsburg

Transfer

RICHTIG ODER FALSCH?

	R	F
Die Arbeit wird per Post verschickt.		
Die Kommunikation mit Vorgesetzten läuft über das Telefon oder über Mail.		
Die Form der Arbeit, die räumlich entfernt vom Unternehmen und mithilfe von Computer und Internet erledigt wird, heißt Telearbeit.		
Die Ergebnisse der Arbeit werden von einem Fahrradkurier zum Unternehmen gebracht.		
Telearbeit hat für die Arbeitnehmer nur Vorteile.		
Bei der Telearbeit besteht die Gefahr, dass die Grenze zwischen Arbeit und Freizeit verschwimmt.		
Die Unternehmen versprechen sich durch diese Form der Arbeit natürlich auch einen finanziellen Gewinn.		
Manche arbeiten besser und rascher, wenn sie sich die Arbeit selbst einteilen können und die Einteilung nicht von den Vorgesetzten aufgezwungen bekommen.		
Die Arbeitnehmer/Arbeitnehmerinnen werden durch Telearbeit vom sozialen Leben der Firma ausgeschlossen, wichtige interne Informationen erfahren sie nicht.		
Für Menschen, die sich zu Hause am besten konzentrieren können oder gerne zu unüblichen Zeiten arbeiten, ist der Telearbeitsplatz eine gute Möglichkeit im Gegensatz zur herkömmlichen Arbeit.		
Menschen, die Telearbeit betreiben, müssen mit ihrer Arbeit täglich pünktlich um acht Uhr beginnen.		

 Lies die Aussagen genau durch und überprüfe, ob sie richtig oder falsch sind! Kreuze an!

Astleitner/Krassnig/Wehlend: Lern- und Arbeitstechniken 6. Klasse
© Brigg Pädagogik Verlag GmbH, Augsburg

Themenkreis: **Ökonomie**

Aktivierung

TELEARBEIT

Immer mehr Menschen arbeiten außerhalb ihrer Firma, nämlich zu Hause. Computer und Internetanschluss sind dabei wichtige Hilfsmittel. Gespräche mit Vorgesetzten, Kollegen/Kolleginnen und Kunden/Kundinnen laufen über Telefon und Mail. Diese Form der Arbeit, die räumlich entfernt von der Firma mithilfe von Kommunikationsmitteln und entsprechenden technischen Geräten erledigt wird, heißt TELEARBEIT.	
Manche Menschen sind rascher und bringen bessere Leistungen, wenn sie sich die Arbeit selbst einteilen können. Dies ist zu Hause natürlich besser möglich als in der Firma, wo der Chef/die Chefin jederzeit kontrollieren kann. Für Menschen, die sich zu Hause am besten konzentrieren können oder lieber zu unüblichen Zeiten arbeiten, ist der Telearbeitsplatz daher eine gute Möglichkeit. Auch die Kosten für die Fahrt zur Arbeit fallen weg. Die dadurch eingesparte Zeit kann man der Familie oder Freunden widmen. Die Unternehmen hoffen, dass die Mitarbeiter/innen mehr und bessere Leistungen erbringen, außerdem sparen sie auch Kosten.	
Ein Nachteil ist, dass die Arbeitnehmer/Arbeitnehmerinnen vom Leben in der Firma ausgeschlossen sind. Der persönliche Kontakt kann durch Mail und Telefon nicht ganz ersetzt werden. Bei persönlichen Gesprächen hat man gemeinsam gute Ideen, die das Arbeiten unterstützen. Außerdem erfährt man vieles über Vorgänge und Veränderungen in der Firma. Manche Menschen sitzen zu Hause auch länger am Schreibtisch als in der Firma, denn der Arbeitstag endet erst dann, wenn die Arbeit erledigt ist. Oft leidet die Familie oder Freunde darunter. Die Grenze zwischen Arbeit und Freizeit verschwimmt.	

(Oberhuemer, P. u.a.: Neue Technologie. Materialien für Berufsorientierung. bmbwk, Wien, 2000)

🔊 Fasse den Sachtext zusammen, indem du den Inhalt jedes Absatzes in Stichworten in die rechte Spalte der Tabelle einträgst!

Themenkreis: **Ökonomie**

Astleitner/Krassnig/Wehlend: Lern- und Arbeitstechniken 6. Klasse
© Brigg Pädagogik Verlag GmbH, Augsburg

Training

Was ist Telearbeit?

Welche Vorteile hat die Telearbeit?

Welche Nachteile hat die Telearbeit?

Arbeitsplatz zu Hause   keine Fahrtkosten

ausgeschlossen vom sozialen Leben   Arbeit selbst einteilen

bessere Arbeitsleistungen   arbeiten zu unüblichen Zeiten

Zugriff auf Firmendaten durch Computer und Internetanschluss

geringere Kontrollmöglichkeit durch den Chef/die Chefin

kein Meinungsaustausch   Firma spart Kosten, Räume

Arbeitsergebnisse online an die Firma

Grenze zwischen Arbeit und Freizeit verschwimmt   Zeitersparnis

keine persönlichen Kontakte zu den Kollegen/innen

längere Arbeitszeiten

🔊 Ordne die Wortgruppen aus dem Kasten den Fragen zu!

Astleitner/Krassnig/Wehlend: Lern- und Arbeitstechniken 6. Klasse
© Brigg Pädagogik Verlag GmbH, Augsburg

Themenkreis: **Ökonomie**

Transfer I

10 Tipps für ein gelungenes Plakat

☞ Überlege dir eine übersichtliche Platzaufteilung, bevor du zu schreiben beginnst!

☞ Schreibe nur wenige – aber dafür wichtige Informationen auf!

☞ Wähle eine einprägsame Überschrift!

☞ Vermeide zu viel Text – weniger ist mehr!

☞ Verwende Groß- und Kleinbuchstaben – schreibe nicht nur in Blockschrift!

☞ Gestalte ein Bild zum Thema!

☞ Verdeutliche Zusammenhänge durch gleiche Farben und Formen!

☞ Achte auf die Schriftgröße!

☞ Verwende auch Symbole wie Pfeile, Punkte, …!

☞ Überprüfe, ob man das Plakat auch aus der Entfernung gut lesen kann!

 Gestalte mithilfe der Tipps ein Informationsplakat zum Thema Telearbeit!

Astleitner/Krassnig/Wehlend: Lern- und Arbeitstechniken 6. Klasse
© Brigg Pädagogik Verlag GmbH, Augsburg

Themenkreis: **Ökonomie**

Transfer II

Feedback geben

	JA	NEIN
Thema:		
Referent/Referentin:		
vermittelt am Beginn einen Überblick über das Referat		
macht die Zuhörer/Zuhörerinnen am Beginn mit einem interessanten Einstieg neugierig auf den Vortrag		
spricht deutlich, gut verständlich und nicht zu schnell		
wechselt an passenden Stellen das Sprechtempo		
hat Anschauungsmaterial vorbereitet		
verwendet Tafel/OH-Projektor/Plakat		
redet frei und liest nicht vom Blatt ab		
setzt Mimik und Gestik ein		
die Körperhaltung wirkt entspannt und locker		
schaut die Zuhörer/Zuhörerinnen während des Vortrages an		
erklärt Fremdwörter und schwierige Zusammenhänge verständlich		
der Aufbau des Referates ist gut verständlich		
beendet das Referat mit einem passenden Schluss		
BEMERKUNGEN:		

Schreibe auf ein Plakat mithilfe der Feedback Tabelle 10 Tipps für ein gelungenes Referat auf!

 Astleitner/Krassnig/Wehlend: Lern- und Arbeitstechniken 6. Klasse
© Brigg Pädagogik Verlag GmbH, Augsburg

Themenkreis: **Ökonomie**

Diagnose   Lerntagebuch

Ein Tagebuch dient dazu seine Erlebnisse, Gefühle und Gedanken aufzuschreiben. Das Lerntagebuch soll dir helfen dein eigenes Lernen genauer unter „die Lupe zu nehmen", deine Stärken und Schwächen besser einzuschätzen und selbstständig zu überlegen, was du noch besser machen könntest. Schreibe daher nach dem Bearbeiten der einzelnen Aufgaben zum Thema „Traumjob?" auf, was du gelernt hast, was du bereits gut kannst, was dir Spaß gemacht hat und was noch Probleme bereitet.

Das habe ich gelernt:

Besonders leicht gefallen ist mir:

Das gefiel mir besonders gut:

Das müsste ich noch üben:

Themenkreis: **Ökonomie**

Astleitner/Krassnig/Wehlend: Lern- und Arbeitstechniken 6. Klasse
© Brigg Pädagogik Verlag GmbH, Augsburg

Diagnose   Feedback Bogen

Name: _____

SINNERFASSEND LESEN, WORTAUFFASSUNG TRAINIEREN, DIE AUGENMUSKULATUR TRAINIEREN

- ☐ Korrekter Leseabstand eingehalten
- ☐ Spur nur mit den Augen verfolgt (Lehrerbeobachtung nötig!)
- ☐ Zahlen den Buchstaben richtig zugeordnet
- ☐ Alle inhaltlichen Fehler markiert

SINNERFASSEND LESEN, REGELN ERARBEITEN, SACHTEXT BEARBEITEN, FRAGE-ANTWORT-PUZZLE LÖSEN, AUSSAGE ÜBERPRÜFEN

- ☐ Wortgrenzen korrekt eingezeichnet
- ☐ Sachtext inhaltlich erfasst
- ☐ Überschriften richtig ergänzt
- ☐ Fragen zum Sachtext notiert
- ☐ Passende Zwischenüberschriften formuliert
- ☐ Richtigkeit der Aussagen überprüft
- ☐ Frage-Antwort Paare exakt markiert
- ☐ Frage-Antwort Paare richtig zugeordnet

ZUSAMMENFASSEN, WORTGRUPPEN ZUORDNEN, PLAKAT GESTALTEN, EIN REFERAT BEURTEILEN

- ☐ Sinnvolle Stichworte zum Text formuliert
- ☐ Wortgruppen richtig zugeordnet
- ☐ Tipps gut umgesetzt
- ☐ 10 Tipps für ein gelungenes Referat formuliert
- ☐ In verständlichen Sätzen geschrieben

Persönliche Bemerkungen:

Astleitner/Krassnig/Wehlend: Lern- und Arbeitstechniken 6. Klasse
© Brigg Pädagogik Verlag GmbH, Augsburg

Themenkreis: **Ökonomie**

Themenkreis: Medizin und Gesundheit

	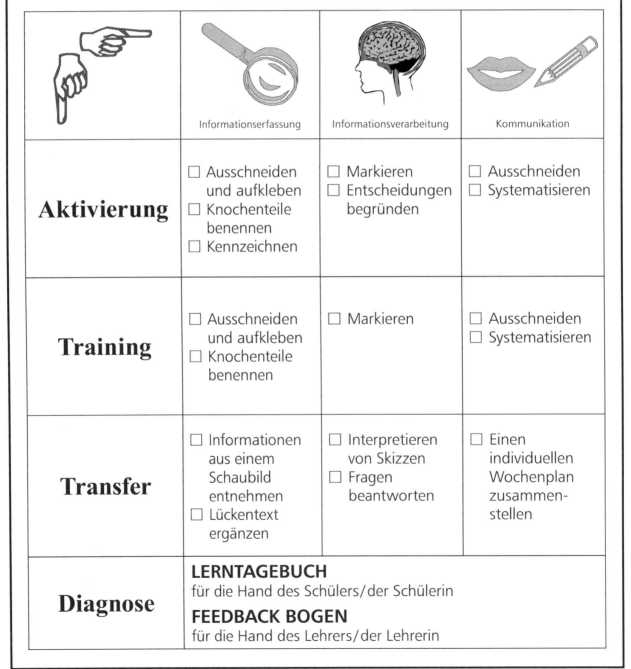 Informationserfassung	Informationsverarbeitung	Kommunikation
Aktivierung	☐ Ausschneiden und aufkleben ☐ Knochenteile benennen ☐ Kennzeichnen	☐ Markieren ☐ Entscheidungen begründen	☐ Ausschneiden ☐ Systematisieren
Training	☐ Ausschneiden und aufkleben ☐ Knochenteile benennen	☐ Markieren	☐ Ausschneiden ☐ Systematisieren
Transfer	☐ Informationen aus einem Schaubild entnehmen ☐ Lückentext ergänzen	☐ Interpretieren von Skizzen ☐ Fragen beantworten	☐ Einen individuellen Wochenplan zusammen-stellen
Diagnose	**LERNTAGEBUCH** für die Hand des Schülers/der Schülerin **FEEDBACK BOGEN** für die Hand des Lehrers/der Lehrerin		

Astleitner/Krassnig/Wehlend: Lern- und Arbeitstechniken 6. Klasse
© Brigg Pädagogik Verlag GmbH, Augsburg

Aktivierung

Das Skelett

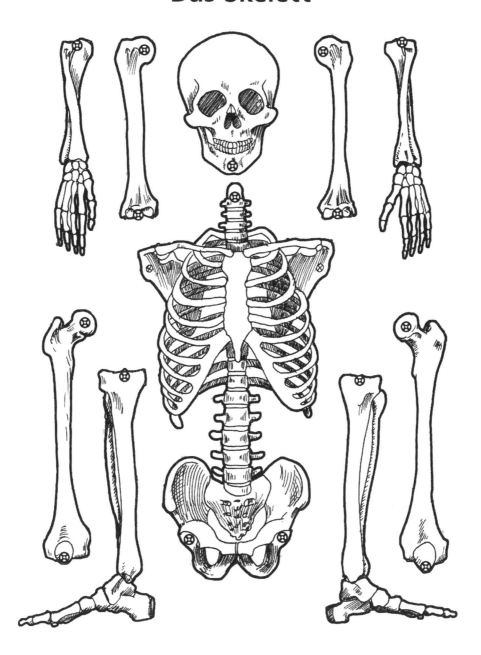

🔊 Klebe die Skelettteile auf einen Karton und schneide sie aus!

🔊 Befestige die einzelnen Gelenke mittels Splints an der passenden Körperstelle (Kennzeichnung durch einen schwarzen Punkt)!

🔊 Benenne die einzelnen Knochen mithilfe eines Biologiebuches oder eines Lexikons!

Themenkreis: **Medizin und Gesundheit**

Training

Das Skelett

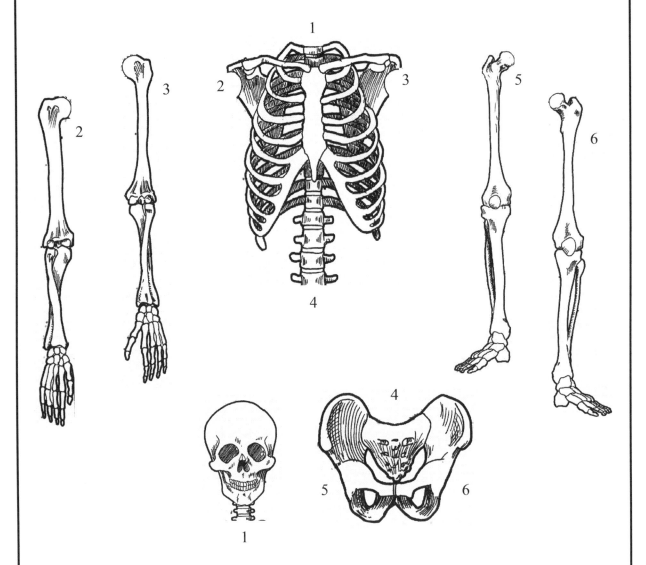

🔊 Klebe die Skelettteile auf einen Karton und schneide sie aus!

🔊 Beachte dabei die Ziffern (gleiche Ziffern gehören zusammen)!

🔊 Benenne die einzelnen Knochen!
Schädel, Wirbelsäule, Oberarmknochen, Unterarmknochen (Elle und Speiche), Fingerknochen, Oberschenkelknochen, Unterschenkelknochen (Schienbein und Wadenbein), Zehenknochen

Astleitner/Krassnig/Wehlend: Lern- und Arbeitstechniken 6. Klasse
© Brigg Pädagogik Verlag GmbH, Augsburg

Transfer

Stütze unseres Körpers

Die Wirbelsäule besteht aus 33 Wirbeln und ist jener Teil des Bewegungs- und Stützapparates, der durch das Heben und Tragen am stärksten in Anspruch genommen wird.

Die elastischen Knorpelscheiben zwischen den Wirbeln, die Bandscheiben (= Zwischenwirbelscheiben), haben eine federnde Wirkung, die durch die doppel – s – förmige Krümmung der Wirbelsäule noch verstärkt wird.

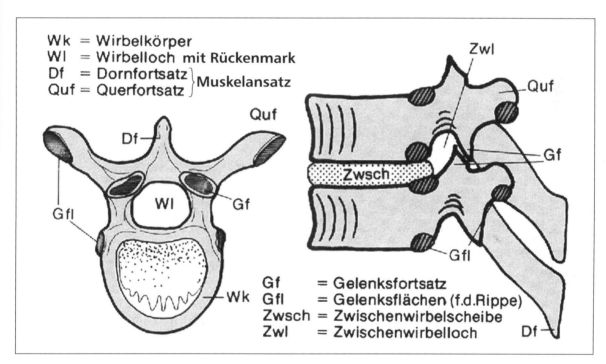

(Klebl und List: Biologie und Umweltkunde 4, Leykam, Graz, 1988)

📢 Betrachte den Bau des Wirbels in den Skizzen! Bemale gleiche Teile der beiden Skizzen mit derselben Farbe!

📢 Erkläre den Bau des Wirbels schriftlich!

Themenkreis: **Medizin und Gesundheit**

Transfer

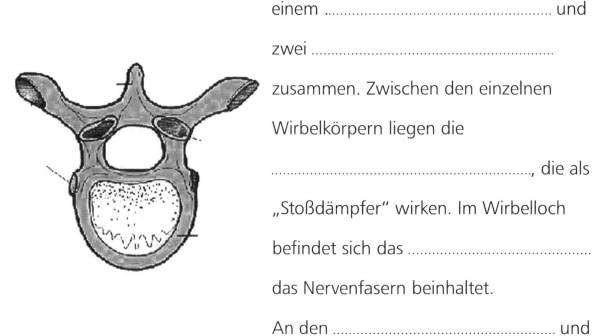

Der Wirbel setzt sich aus einem Wirbel-

körper, einem ....,

einem .... und

zwei ....

zusammen. Zwischen den einzelnen

Wirbelkörpern liegen die

...., die als

„Stoßdämpfer" wirken. Im Wirbelloch

befindet sich das ....

das Nervenfasern beinhaltet.

An den .... und

.... setzen die

Muskeln an.

Die Wirbelsäule besteht aus .... Wirbeln und ist jener Teil des Bewegungs-

und Stützapparates, der durch das ....

am stärksten in Anspruch genommen wird.

Die elastischen Knorpelscheiben zwischen den Wirbeln, die Bandscheiben

= ...., haben eine federnde Wirkung, die durch die

.... – .... – förmige Krümmung der Wirbelsäule noch verstärkt wird.

(Klebl und List: Biologie und Umweltkunde 4, Leykam, Graz, 1988)

📢 Beschrifte die Skizze mithilfe der Abbildung auf Seite 41!

📢 Ergänze den Text!

Astleitner/Krassnig/Wehlend: Lern- und Arbeitstechniken 6. Klasse
© Brigg Pädagogik Verlag GmbH, Augsburg

Aktivierung

Für deine Wirbelsäule

Überprüfe deine Sitzhaltung vor dem Fernsehapparat! Wie sitzt du?

  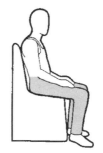 

Beachte

In welcher Haltung bügelst du?

Beachte

🔊 Zeichne die Wirbelsäule mit einem roten Stift jeweils in die rechten Bilder ein!

🔊 Welche Haltung ist die richtige? Schreibe deine Begründung in die Kästchen!

Themenkreis: **Medizin und Gesundheit**

Training

Für deine Wirbelsäule

Überprüfe deine Sitzhaltung vor dem Fernsehapparat! Wie sitzt du?

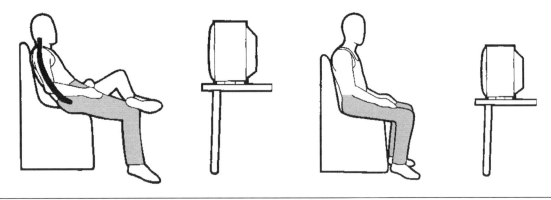

Die richtige Sitzhaltung vor dem Fernsehapparat:
Die Oberschenkel sollen waagrecht, die Fußsohlen am Boden und der Rücken senkrecht sein.

 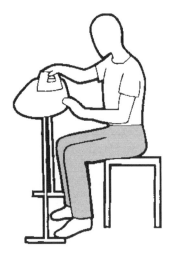

In welcher Haltung bügelst du?

Du schonst deine Wirbelsäule, wenn du beim Bügeln sitzt. Dadurch vermeidest du einen „krummen Rücken".

🔊 Zeichne die Wirbelsäule mit einem roten Stift jeweils in die rechten Bilder ein!

Astleitner/Krassnig/Wehlend: Lern- und Arbeitstechniken 6. Klasse
© Brigg Pädagogik Verlag GmbH, Augsburg

Transfer

Der richtige Arbeitsplatz

Ergonomie ist die Wissenschaft von der Belastungsmöglichkeit des Menschen und seinen Arbeitsbedingungen.

So sieht ein ergonomisch gestalteter Bildschirmarbeitsplatz aus:

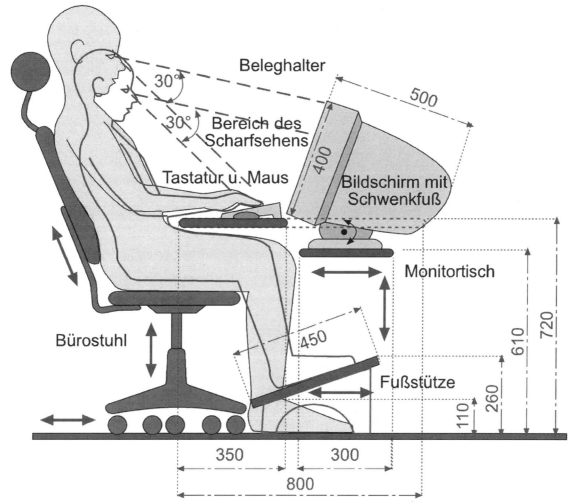

(www.tu-bs.de/institute/wirtschaftswi/arbeitswi/HARDERGO3.html)

📢 Betrachte die Skizze und orientiere dich!

📢 Bemale den Bildschirm, den Bürostuhl, die Arbeitsfläche, den Monitortisch und die Fußstütze mit einem blauen Farbstift!

📢 Welche Bedeutung haben die Zahlenangaben?

Astleitner/Krassnig/Wehlend: Lern- und Arbeitstechniken 6. Klasse
© Brigg Pädagogik Verlag GmbH, Augsburg

Transfer

Der richtige Arbeitsplatz

 Wie hoch soll die Arbeitsfläche an einem Computerarbeitsplatz sein?
(Angabe in cm)

_____

 In welchem Winkel soll der Blick auf Monitor und Tastatur erfolgen um
scharfes Sehen zu gewährleisten? (Angabe in Grad)

_____

 In welchem Abstand soll man vom Bildschirm entfernt sitzen?
(Angaben in cm)

_____

 Wie hoch soll der Monitortisch sein? (Angabe in cm)

_____

 Kreuze die richtigen Aussagen an:

Ein ergonomisch richtiger Bürostuhl

☐ hat Rollen   ☐ hat keine Rollen

☐ ist höhenverstellbar   ☐ ist nicht höhenverstellbar

☐ hat eine bewegliche Rückenlehne   ☐ hat keine bewegliche Rückenlehne

 Beantworte die Fragen mithilfe der Skizze auf Seite 45!

Astleitner/Krassnig/Wehlend: Lern- und Arbeitstechniken 6. Klasse
© Brigg Pädagogik Verlag GmbH, Augsburg

Aktivierung

Wirbelsäulengymnastik

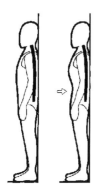 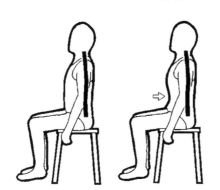 

a)

b)

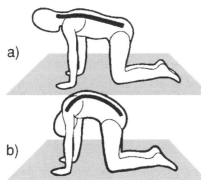 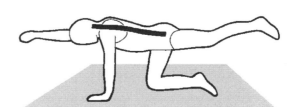

(Genericon Pharma)

🔊 Schneide die acht Übungsbeispiele aus und klebe sie auf der nächsten Seite in die richtige Spalte!

Themenkreis: **Medizin und Gesundheit**

Aktivierung

Wirbelsäulengymnastik

	1. Übung	2. Übung
Übungen im Stehen		
Übungen im Sitzen		
Übungen im Liegen		
Übungen in Bankstellung		

Vergrößere diese Übersicht am Kopierer auf A3 und hänge sie in deinem Arbeitszimmer auf!

Astleitner/Krassnig/Wehlend: Lern- und Arbeitstechniken 6. Klasse
© Brigg Pädagogik Verlag GmbH, Augsburg

Training

Wirbelsäulengymnastik

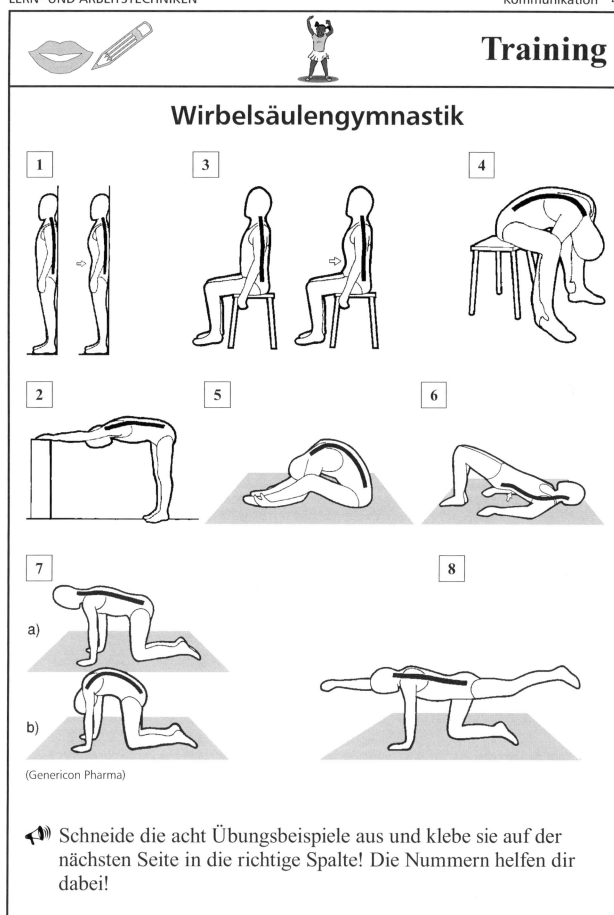

(Genericon Pharma)

📢 Schneide die acht Übungsbeispiele aus und klebe sie auf der nächsten Seite in die richtige Spalte! Die Nummern helfen dir dabei!

Training

Wirbelsäulengymnastik

	1. Übung	2. Übung
Übungen im Stehen	1	2
Übungen im Sitzen	3	4
Übungen im Liegen	5	6
Übungen in Bankstellung	7	8

Vergrößere diese Übersicht am Kopierer auf A3 und hänge sie in deinem Arbeitszimmer auf!

Astleitner/Krassnig/Wehlend: Lern- und Arbeitstechniken 6. Klasse
© Brigg Pädagogik Verlag GmbH, Augsburg

Transfer I

Breitbeinig (Füße in Schulterbreite) mit dem Rücken an eine Wand stellen. Fersen, Gesäß, Rücken und Hinterkopf berühren die Wand. Versuche durch Anspannen der Bauchmuskeln für einige Sekunden den Bauch einzuziehen.

Oberkörper nach vorne neigen, sodass zwischen Oberkörper und Beinen ein rechter Winkel entsteht. Arme ausgestreckt auf eine hüfthohe Sessellehne legen. Blick auf den Boden richten, nicht ins Hohlkreuz fallen. Halte für einige Sekunden diese Position.

Auf den Boden knien. Hände schulterbreit aufstützen, Wirbelsäule waagrecht halten. Ziehe den Bauch ein. Der Blick ist auf den Boden gerichtet (a) Kinn an die Brust pressen und einen Katzenbuckel machen. (b) Bleibe einige Sekunden in dieser Position.

Breitbeinig auf einen Hocker setzen. Oberkörper langsam nach unten beugen und mit den Händen von hinten die Fußgelenke umfassen. Verweile einige Sekunden in dieser Stellung.

Mit angewinkelten und aufgestellten Beinen auf den Boden setzen. Greife mit den Armen von innen unter den Kniekehlen vorbei zu deinen Fußrücken. Bleibe für einige Sekunden in dieser Stellung. Presse dein Kinn während der gesamten Übung gegen die Brust.

Hebe aus der Bankstellung den rechten Arm und das linke Bein in die Waagrechte. Der Blick ist dabei zu Boden gerichtet. 3-5 Sekunden in dieser Position bleiben.

Auf einen Sessel setzen, die gesamte Fußsohle berührt den Boden. Nun versuche durch Anspannen der Bauchmuskeln den Bauch einzuziehen, ohne dabei ins Hohlkreuz zu fallen.

Rückenlage einnehmen, Beine aufstellen, Arme neben den Körper legen. Nun das Becken leicht vom Boden abheben und einige Sekunden in dieser Stellung bleiben. Beim Senken den Rücken bewusst von oben nach unten „abrollen".

(Genericon Pharma)

🔊 Zu welchen Bildern auf der Seite 47 bzw. 49 gehören die Übungsanleitungen?

🔊 Übertrage sie in schöner Schrift in die Tabellenübersicht auf der nächsten Seite!

🔊 Gib den einzelnen Übungen Namen! ACHTUNG: Die Reihenfolge soll mit der Bildertabelle übereinstimmen!

Astleitner/Krassnig/Wehlend: Lern- und Arbeitstechniken 6. Klasse
© Brigg Pädagogik Verlag GmbH, Augsburg

Themenkreis: **Medizin und Gesundheit**

Transfer I

Wirbelsäulengymnastik

	1. Übung	2. Übung
Übungen im Stehen		
Übungen im Sitzen		
Übungen im Liegen		
Übungen in Bankstellung		

🔊 Vergrößere diese Übersicht am Kopierer auf A3 und hänge sie in deinem Arbeitszimmer neben der Bildertabelle auf!

Themenkreis: **Medizin und Gesundheit**

Astleitner/Krassnig/Wehlend: Lern- und Arbeitstechniken 6. Klasse
© Brigg Pädagogik Verlag GmbH, Augsburg

Transfer II

Trainingsplan

	1. Übung	2. Übung	Zeit-angabe
am Morgen/ nach dem Aufstehen			
am Vormittag/ in der Pause			
am Nachmittag/ bei den Hausaufgaben			
am Abend/ vor dem Schlafen gehen			

🔊 Stelle aus den vorgestellten Übungen deinen persönlichen Trainingsplan zusammen. Du kannst einzelne Übungen auch mehrmals verwenden!

🔊 Vergrößere diese Übersicht am Kopierer auf A3 und hänge sie in deinem Arbeitszimmer auf!

Themenkreis: **Medizin und Gesundheit**

Diagnose   Lerntagebuch

Ein Tagebuch dient dazu seine Erlebnisse, Gefühle und Gedanken aufzuschreiben. Das Lerntagebuch soll dir helfen dein eigenes Lernen genauer unter „die Lupe zu nehmen", deine Stärken und Schwächen besser einzuschätzen und selbstständig zu überlegen, was du noch besser machen könntest. Schreibe daher nach dem Bearbeiten der einzelnen Aufgaben zum Thema „Streck Dich!" auf, was du gelernt hast, was du bereits gut kannst, was dir Spaß gemacht hat und was noch Probleme bereitet.

Das habe ich gelernt:

Besonders leicht gefallen ist mir:

Das gefiel mir besonders gut:

Das müsste ich noch üben:

Themenkreis: **Medizin und Gesundheit**

Astleitner/Krassnig/Wehlend: Lern- und Arbeitstechniken 6. Klasse
© Brigg Pädagogik Verlag GmbH, Augsburg

Diagnose   Feedback Bogen

STRECK DICH!

Name: _____

AUSSCHNEIDEN, ORDNEN, BENENNEN UND ERKLÄREN EINES SCHAUBILDS

- ☐ Skelett exakt ausgeschnitten
- ☐ Splints eingesetzt und dadurch Skelettteile verbunden
- ☐ Skelettteile richtig beschriftet (Anzahl: … von dreizehn)
- ☐ Skizze richtig beschriftet (Anzahl: … von fünf)
- ☐ Lückentext richtig ergänzt (überwiegend / teilweise / zusammenhangslos)

EINZEICHNEN UND BEGRÜNDEN, SKIZZEN LESEN UND FRAGEN BEANTWORTEN

- ☐ Wirbelsäulen eingezeichnet
- ☐ Begründungssätze plausibel und verständlich geschrieben
- ☐ Skizze richtig bemalt
- ☐ Fragen korrekt beantwortet (Anzahl: … von sieben)

AUSSCHNEIDEN, SYSTEMATISCHES KLEBEN, INFORMATIONEN UND BILDER VERKNÜPFEN UND EINEN PLAN ERSTELLEN

- ☐ Bilder ausgeschnitten
- ☐ Bilder richtig zugeordnet
- ☐ Informationen richtig zugeordnet (Anzahl: … von acht)
- ☐ Übungen benannt
- ☐ Persönlichen Trainingsplan erstellt

Persönliche Bemerkungen:

Astleitner/Krassnig/Wehlend: Lern- und Arbeitstechniken 6. Klasse
© Brigg Pädagogik Verlag GmbH, Augsburg

Themenkreis: **Medizin und Gesundheit**

Themenkreis: Informationstechnologie

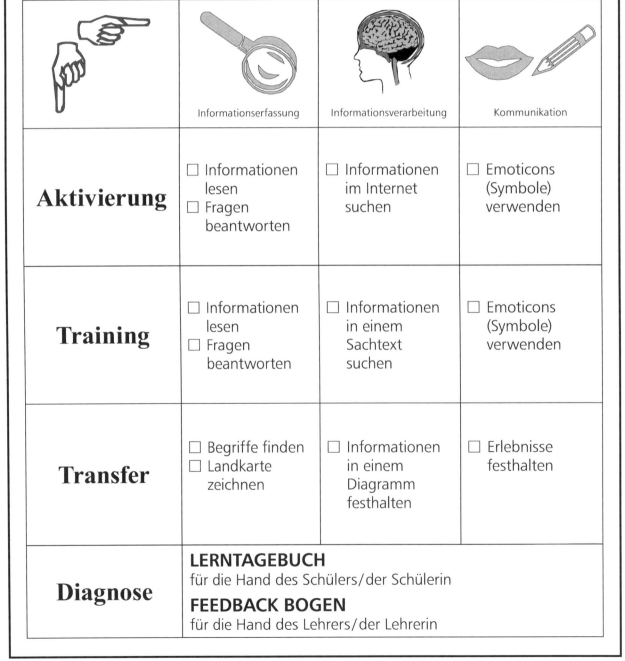

	Informationserfassung	Informationsverarbeitung	Kommunikation
Aktivierung	☐ Informationen lesen ☐ Fragen beantworten	☐ Informationen im Internet suchen	☐ Emoticons (Symbole) verwenden
Training	☐ Informationen lesen ☐ Fragen beantworten	☐ Informationen in einem Sachtext suchen	☐ Emoticons (Symbole) verwenden
Transfer	☐ Begriffe finden ☐ Landkarte zeichnen	☐ Informationen in einem Diagramm festhalten	☐ Erlebnisse festhalten
Diagnose	**LERNTAGEBUCH** für die Hand des Schülers/der Schülerin **FEEDBACK BOGEN** für die Hand des Lehrers/der Lehrerin		

Astleitner/Krassnig/Wehlend: Lern- und Arbeitstechniken 6. Klasse
© Brigg Pädagogik Verlag GmbH, Augsburg

 **Aktivierung**

Von Frankfurt/Main nach New York

Erste Flugmöglichkeit

von	nach	Flug	Mo	Di	Mi	Do	Fr	Sa	So	Abflug	Ankunft
Frankfurt/Main	**New York** JFK	LH 400 Lufthansa (LH)						■		10:05	12:50

Fluginformation

Flugnummer	LH 400
Abflugflughafen	Frankfurt/Main
Abflugzeit (Lokalzeit)	10:05
Abflugterminal	keine Angabe
Ankunftsflughafen	New York JFK
Ankunftszeit (Lokalzeit)	12:50
Ankunftsterminal	1
Gesamtflugzeit	08:45
Flugzeugtyp	A 343
Fluglinie	Lufthansa

Zweite Flugmöglichkeit

von	nach	Flug	Mo	Di	Mi	Do	Fr	Sa	So	Abflug	Ankunft
Frankfurt/Main	**New York** JFK	404 Lufthansa (LH)	■	■	■	■	■	■	■	17:00	20:25

◀》 Betrachte die Abflugtafel vom Flughafen Frankfurt/Main und beantworte die Fragen auf Seite 58!

Astleitner/Krassnig/Wehlend: Lern- und Arbeitstechniken 6. Klasse
© Brigg Pädagogik Verlag GmbH, Augsburg

Aktivierung

Von Frankfurt/Main nach New York

Erste Flugmöglichkeit

→ An welchem Wochentag kannst du um 10.05 von Frankfurt/Main nach New York fliegen?

_____

→ Wie lange dauert die Gesamtflugzeit?

_____

→ Laut Flugplan kommst du um 12 Uhr 50 (Lokalzeit) in New York an! Wie viele Stunden Zeitverschiebung liegen zwischen Frankfurt und New York?

_____

→ Wie heißt der Flughafen an dem du in New York ankommst? Was bedeuten diese drei Buchstaben? Welche ermordete amerikanische Persönlichkeit verbirgt sich dahinter?

_____

Zweite Flugmöglichkeit

→ Suche unter www.airportcity-frankfurt.de unter dem Menü → Reisen → Flugauskunft, Fluginformationen zum Flug LH 404 (Startzeit 17:00 Uhr)!

→ An welchen Wochentagen fliegt diese Maschine?

_____

→ Wie lange fliegst du mit dieser Maschine?

_____

→ Wie viel Flugzeit ersparst du dir gegenüber der ersten Maschine?

_____

→ Suche dir eine Rückflugmöglichkeit vom JFK-Flughafen nach Frankfurt/Main aus!

Themenkreis: **Informationstechnologie**

Astleitner/Krassnig/Wehlend: Lern- und Arbeitstechniken 6. Klasse
© Brigg Pädagogik Verlag GmbH, Augsburg

Training

Von Frankfurt/Main nach New York

Flug	nach/über	plan.	Term.	Halle
AB 6556	Berlin-Tegel	09:45	2	E
SK 640	Kopenhagen	09:50	1	AB
LH 590	Addis Abeba via Khartoum	09:55	1	AB
LH 4398	Bordeaux	09:55	1	AB
LH 582	Kairo	09:55	1	AB
LH 454	San Francisco	09:55	1	AB
AC 873	Toronto	10:00	1	B
LH 3160	Stavanger	10:05	1	AB
LH 686	Tel Aviv	10:05	1	AB
LH 462	Miami	10:05	1	AB
LH 400	New York-J. F. Kennedy	10:05	1	AB
LH 440	Houston	10:05	1	AB
LH 6808	Köln Hbf	10:09	1	AB

📢 Betrachte die Abflugtafel vom Flughafen Frankfurt/Main und beantworte folgende Fragen!

✈ Wann (Uhrzeit) startet das Flugzeug nach New York?

_____

✈ Wie heißt die Flugnummer?

_____

✈ Welche Fluglinie fliegt nach New York?

_____

Astleitner/Krassnig/Wehlend: Lern- und Arbeitstechniken 6. Klasse
© Brigg Pädagogik Verlag GmbH, Augsburg

Themenkreis: **Informationstechnologie**

Transfer I

Im Großstadtdschungel New York

W	G	W	D	E	T	C	E	N	T	R	A	L	P	A	R	K	N	N	M	K	K	K
B	N	N	H	H	J	U	J	U	I	I	L	A	A	A	S	Q	W	Q	Y	B	Y	J
R	E	R	T	Z	U	S	W	M	E	L	R	A	H	L	L	M	M	M	Q	B	Y	Z
O	B	B	L	Ö	Ä	Ü	P	O	P	O	I	U	G	U	T	R	R	R	L	M	X	Z
O	T	T	R	R	E	W	Q	A	A	Y	F	X	R	V	V	B	N	M	K	U	X	U
K	V	V	Y	A	S	M	M	N	M	H	R	H	O	H	Z	Z	I	I	K	E	C	I
L	E	M	P	I	R	E	S	T	A	T	E	B	U	I	L	D	I	N	G	S	C	O
Y	E	E	R	T	Z	T	T	Z	N	I	I	I	N	I	O	P	Ü	Ü	Ö	U	V	O
N	E	W	Y	O	R	K	B	B	H	B	H	B	D	L	L	K	K	T	P	M	V	P
B	Q	A	Q	D	E	D	E	D	A	D	E	Y	Z	X	C	C	V	E	I	M	J	Q
R	Ö	Ä	Ö	Ü	Ä	Ü	Ä	L	T	O	I	H	E	H	S	D	D	E	I	I	J	Q
I	O	P	P	Ü	Ö	Ä	Ö	L	T	M	T	N	R	V	C	S	S	R	U	E	L	Y
D	X	N	O	R	B	Y	X	C	A	V	S	B	O	M	Ä	Ö	L	T	Z	H	O	A
G	J	H	G	G	F	F	D	S	N	D	S	A	Q	W	E	W	T	S	Z	N	P	W
E	Q	A	Y	W	S	C	H	I	N	A	T	O	W	N	G	B	Z	L	T	E	Ü	D
D	O	K	Z	A	M	U	J	M	I	K	A	L	O	P	Ü	Ä	Ä	L	R	G	Ä	A
U	N	O	H	E	A	D	Q	U	A	R	T	E	R	S	D	F	D	A	Y	G	Ä	O
R	T	Z	Z	T	R	E	E	R	T	Z	U	H	J	K	K	J	H	W	X	U	Q	R
H	J	R	O	C	K	E	F	E	L	L	E	R	C	E	N	T	E	R	C	G	Y	B

_____

_____

_____

_____

_____

_____

_____

📢 Das Wort New York und die Namen von 14 Sehenswürdigkeiten dieser Stadt verbergen sich in diesem Rätsel. Suche senkrecht, waagrecht, von rechts nach links und von unten nach oben!

📢 Schreibe die Sehenswürdigkeiten auf die leeren Zeilen und nummeriere sie von 1 bis 14!

Themenkreis: **Informationstechnologie**

Astleitner/Krassnig/Wehlend: Lern- und Arbeitstechniken 6. Klasse
© Brigg Pädagogik Verlag GmbH, Augsburg

Transfer II

Im Zentrum von New York

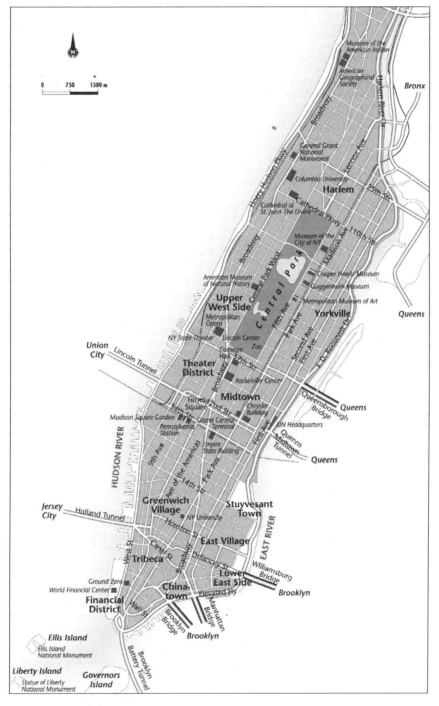

(www.n.y.citysam.de)

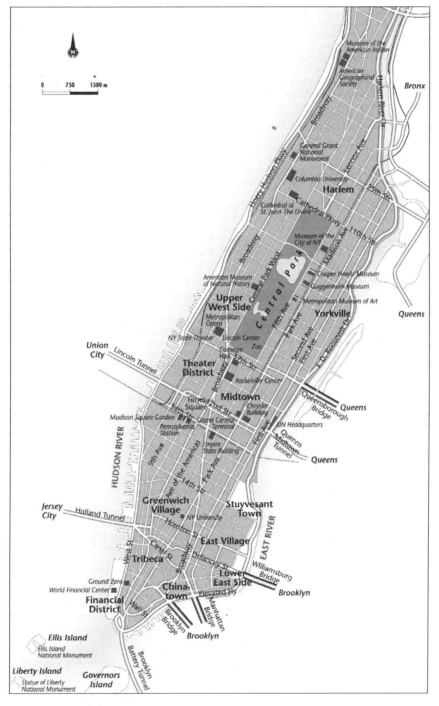 Suche die Sehenswürdigkeiten New Yorks von Seite 60 auf dem Stadtplan! Schreibe ihre Kennzahlen in den Plan!

Astleitner/Krassnlg/Wehlend: Lern- und Arbeitstechniken 6. Klasse
© Brigg Pädagogik Verlag GmbH, Augsburg

Aktivierung

Informationen im Netz
www.newyork.de

 An welchem Tag wird Thanksgiving gefeiert?

_____

 Suche dir ein Hotel in der Preisklasse „$" im Stadtteil Brooklyn!

_____

 Du möchtest einen kleinen, preiswerten Imbiss zu dir nehmen.
Welche Möglichkeiten hast du in New York?

_____

_____

 Wo gibt es kostenlos Subway-Pläne und wann ist diese Institution werktags in Midtown geöffnet?

_____

_____

 Informiere dich über Taxis in „Big Apple!" Wie viel Trinkgeld erwartet der Fahrer?

_____

_____

 Du bist zu Fuß in der Stadt unterwegs. Was bekommst du in Chinatown zu sehen?

_____

_____

_____

_____

📢 Beantworte die Fragen mithilfe der Internetadresse www.newyork.de!

Astleitner/Krassnig/Wehlend: Lern- und Arbeitstechniken 6. Klasse
© Brigg Pädagogik Verlag GmbH, Augsburg

Training

Wissenswertes aus der Geschichte New Yorks

1. Wann wurden die ersten Benzin betriebenen Taxis eingeführt?

   _____

2. Wie hieß der erste Milliardär der Welt?

   _____

3. Welche bekannten Millionäre kamen beim Untergang der Titanic ums Leben?

   _____

4. Wie hieß die erste Boulevardzeitung der Stadt?

   _____

5. Wann gab es eine große Polio-Epidemie in New York?

   _____

6. Welche Gäste hat das Restaurant Vincent Sardis´s?

   _____

7. Wann bekamen die Frauen das Wahlrecht?

   _____

8. Warum kamen 1920 in der Wallstreet 38 Menschen ums Leben?

   _____

9. Welches Schiff versank 1904?

   _____

10. Von wem hat der Teddybär seinen Namen?

   _____

📢 Entnimm die Antworten auf diese Fragen den Informationen über New York auf Seite 64!

📢 Erstelle selbst fünf weitere Fragen!

Themenkreis: **Informationstechnologie**

Training

Ein Blick in die Geschichte

1902

Präsident Theodore Roosevelt stimmt der Nutzung seines Namens von einem Geschäftsmann aus Brooklyn zu - der Teddy Bear wird Legende | Macy's eröffnet das Kaufhaus in der 34th Street

1904

Die IRT Subway startet die erste Fahrt von der City Hall zur West 145th Street; 5 Cents, 26 Minuten | Das Dampfschiff General Slocum versinkt im East River – 1.031 Passagiere sterben, darunter hauptsächlich Frauen und Kinder deutscher Einwanderer

1907

Benzin betriebene Taxis werden eingeführt | Das Plaza Hotel wird am Central Park South und 58th Street mit 800 Zimmern eröffnet

1909

Die Queensboro Bridge erhebt sich über dem East River | John D. Rockefeller ist der erste Milliardär der Welt | Wilbur Wright fliegt als erster mit einem Flugzeug über den Hafen von New York

1912

Horn & Hardart präsentieren den ersten Automaten der Welt am 1557 Broadway | Die New Yorker Millionäre John Jacob Astor III, Isidor Straus und Benjamin Guggenheim kommen beim Untergang der Titanic ums Leben

1913

Der neue Grand Central Terminal wird eröffnet | Die New York World veröffentlicht das erste Kreuzworträtsel | Das Woolworth Building ist fertiggestellt – es ist mit 242 m das höchste Gebäude der Welt | Das Regent Theater an der 116th Street und Seventh Avenue ist das erste Kino der Welt | Ebbets Field wird in Brooklyn eröffnet | Actors' Equity Association wird ins Leben gerufen

1916

Nathan und Ida Handwerker eröffnen ihren legendären Hot Dog Stand auf Coney Island | Über 8.000 Kinder unter zehn Jahren werden Opfer der schlimmsten Polio-Epidemie der Stadt

1919

Roseland Ballroom wird eröffnet | The New York Daily News ist die erste Boulevardzeitung der Stadt, die für die breite Masse bestimmt ist | Babe Ruth spielt bei den Yankees

1920

Das organisierte Verbrechen blüht, über 32.000 dubiose Kneipen existieren in New York City | Frauen erhalten das Recht zu wählen | Frances Steloff eröffnet den Gotham Book Mart in der West 47th Street | Preisboxkämpfe werden wieder legalisiert, im Madison Square Garden werden wichtige Sportveranstaltungen gezeigt | Eine Bombe tötet 38 Menschen in der Wall Street

1921

The Port of New York Authority wird vom New York State und New Jersey etabliert | Vincent Sardi's Restaurant hat sich auf Theaterbesucher spezialisiert

(www.newyork.de)

Themenkreis: **Informationstechnologie**

Astleitner/Krassnig/Wehlend: Lern- und Arbeitstechniken 6. Klasse
© Brigg Pädagogik Verlag GmbH, Augsburg

Training

WEST SIDE STORY – ein Musical

Buch: Arthur Laurents   Komponist: Leonard Bernstein

Inhalt:

Eine tragische Liebesgeschichte („Romeo und Julia"-Motiv) wird ins moderne New York der 1930er Jahre verlagert.

Im Kampf um ihr „Revier" befehden sich zwei jugendliche Gangs (die einheimischen Jets und die Sharks, die sich aus eingewanderten Puertorikanern gebildet haben) im westlichen Teil der Weltstadt (daher „West Side").

Immer wieder gibt es heftige Streitigkeiten zwischen den verfeindeten Gruppen. Bernardo ist der Anführer der Sharks; Riff leitet die Gruppe der Jets, die früher von Tony angeführt wurde, der aber inzwischen Abstand zu seinen früheren Freunden gefunden hat.

Bei einer Tanzveranstaltung lebt der Streit zwischen den beiden Banden erneut auf. Dabei verliebt sich Tony in Bernardos Schwester Maria, die gerade aus Puerto Rico gekommen ist, weil Bernardo möchte, dass sie seinen Freund Chino heiratet. Bei Maria und Tony ist es Liebe auf den ersten Blick. Die Auseinandersetzung der feindlichen Gruppen artet zu einem gnadenlosen Duell aus. Dabei wird Riff von Bernardo mit einem Messer erstochen. Tony, der den Kampf verhindern wollte, rächt im Überschwang seiner Gefühle seinen Freund Riff und tötet Bernardo. Als Maria erfährt, dass Tony ihren Bruder ermordet hat, ist sie entsetzt, doch sie steht auch weiterhin zu Tony, da sie ihn liebt. Dieser wird von der Polizei und den Sharks gesucht. Bernardos trauernde Geliebte Anita will dennoch vermitteln, bemüht sich um Kontakt mit Tony, wird aber von seinen Freunden, den Jets, deren neuer Anführer Ice ist, daran gehindert und derartig gedemütigt, dass sie wütend behauptet, Maria sei von Chino erschossen worden. Als Tony diese Nachricht erfährt, verlässt er verzweifelt sein Versteck, sucht die vermeintlich tote Maria und will sie rächen. Da entdeckt er sie lebend, doch als die beiden Liebenden glücklich aufeinander zulaufen, ist Chino zur Stelle und schießt auf Tony, der in Marias Armen stirbt. Erst durch den Schock der Sinnlosigkeit des Blutvergießens und durch die Mahnungen der verzweifelten Maria, die Bruder und Geliebten verloren hat, endet die Feindschaft.

📣 Lies die Inhaltsangabe des Musicals!

📣 Markiere die Namen der jeweiligen Bandenmitglieder mit verschiedenen Farben! Die der Sharks mit rotem Marker, die der Jets mit grünem!

Themenkreis: **Informationstechnologie**

Astleitner/Krassnig/Wehlend: Lern- und Arbeitstechniken 6. Klasse
© Brigg Pädagogik Verlag GmbH, Augsburg

Transfer

Anführer:

Anführer:

seine Freundin:

Freund vom Anführer:

früherer Anführer:

Schwester vom Anführer:

Tanzveranstaltung

wird erstochen von

tötet aus Rache

neuer Anführer:

Lüge von Anita:

wird erschossen von

📢 Ergänze das Verlaufsdiagramm zur „West Side Story" mithilfe der Inhaltsangabe auf Seite 65!

Astleitner/Krassnig/Wehlend: Lern- und Arbeitstechniken 6. Klasse
© Brigg Pädagogik Verlag GmbH, Augsburg

Aktivierung

SMS aus New York

Emoticons:

:-))	sehr glücklich
:-}	schmunzeln
:-D	lautes Lachen
:-I	gleichgültig
:-(	traurig
:'-)	weint vor Freude
:-P	kein Kommentar
:-o	staunen
:-x	schweigen
:*	Kuss senden
:-O	verblüfft sein
;-)	Augenzwinkern
,-)	zuzwinkern
<:-)	Besserwisser
<:-I	Dummkopf
<:-(	enttäuscht sein
>:-<	ärgerlich
%-(	verwirrt
%-\	übermüdet
(*_*)	strahlendes Lächeln
(:-)	überrascht sein
@-)	Sterne sehen

AKLA	Alles klar?
AS	Antworte schnell!
BABS	Bis bald!
BVINY	Bin verliebt in New York.
CU	see you
HAND	have a nice day
J4F	just for fun
4E	for ever

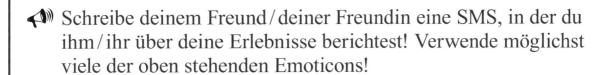 Schreibe deinem Freund / deiner Freundin eine SMS, in der du ihm / ihr über deine Erlebnisse berichtest! Verwende möglichst viele der oben stehenden Emoticons!

Themenkreis: **Informationstechnologie**

Training

SMS aus New York

> **AKLA bei dir?**
> **Bin :-))) + BVINY!**
> **: `-) als ich diese Stadt sah!**
> **%-(und %-\ :* - J4F!**
> **CU & HAND**
> **Erika**

:-))	sehr glücklich
:-}	schmunzeln
:-D	lautes Lachen
:-I	gleichgültig
:-(	traurig
:'-)	weint vor Freude
:-P	kein Kommentar
:-o	staunen
:-x	schweigen
:*	Kuss senden
:-O	verblüfft sein
;-)	Augenzwinkern
,-)	zuzwinkern
<:-)	Besserwisser
<:-I	Dummkopf
<:-(	enttäuscht sein
>:-<	ärgerlich
%-(	verwirrt
%-\	übermüdet
(*_*)	strahlendes Lächeln
(:-)	überrascht sein
@-)	Sterne sehen

AKLA	Alles klar?
AS	Antworte schnell!
BABS	Bis bald!
BVINY	Bin verliebt in New York.
CU	see you
HAND	have a nice day
J4F	just for fun
4E	for ever

 „Übersetze" die SMS von Erika an ihre Freundin mithilfe der Erklärungen!

Themenkreis: **Informationstechnologie**

Astleitner/Krassnig/Wehlend: Lern- und Arbeitstechniken 6. Klasse
© Brigg Pädagogik Verlag GmbH, Augsburg

Transfer

Das Reisetagebuch

1. Tag

Abflug am .... 200. um .... Uhr vom Flughafen

Frankfurt/Main.

Ankunft am .... 200. um .... Uhr (Ortszeit) am

JFK-Flughafen in New York!

Mein Hotel liegt an der .... Straße im Stadtteil ....!

Ich bin eigentlich schon sehr müde, da es in Deutschland

bereits 22 Uhr ist, hier aber erst 16 Uhr. Trotzdem beschließe

ich einen kleinen Stadtbummel!

🔊 Stell dir vor, du verbringst fünf Tage in New York! Lege dir ein Heft an, das du als Reisetagebuch führst!

🔊 Welche Sehenswürdigkeiten hast du besucht? In welchen Restaurants warst du essen? Welche Menschen hast du kennengelernt? Berichte über deine Erlebnisse!

🔊 Schneide Bilder der Sehenswürdigkeiten aus Zeitschriften aus oder suche sie im Internet und klebe sie in dein Tagebuch!

🔊 Zeige deine Arbeit deinen Mitschülern und Mitschülerinnen!

Themenkreis: **Informrationstechnologie**

Astleitner/Krassnig/Wehlend: Lern- und Arbeitstechniken 6. Klasse
© Brigg Pädagogik Verlag GmbH, Augsburg

Diagnose   Lerntagebuch

Ein Tagebuch dient dazu seine Erlebnisse, Gefühle und Gedanken aufzuschreiben. Das Lerntagebuch soll dir helfen dein eigenes Lernen genauer unter „die Lupe zu nehmen", deine Stärken und Schwächen besser einzuschätzen und selbstständig zu überlegen, was du noch besser machen könntest. Schreibe daher nach dem Bearbeiten der einzelnen Aufgaben zum Thema „Stars and Stripes" auf, was du gelernt hast, was du bereits gut kannst, was dir Spaß gemacht hat und was noch Probleme bereitet.

Das habe ich gelernt:

Besonders leicht gefallen ist mir:

Das gefiel mir besonders gut:

Das müsste ich noch üben:

Themenkreis: **Informationstechnologie**

Astleitner/Krassnig/Wehlend: Lern- und Arbeitstechniken 6. Klasse
© Brigg Pädagogik Verlag GmbH, Augsburg

Diagnose   Feedback Bogen

Name: _____

LESEN, ZURECHTFINDEN UND INTERPRETIEREN

- ☐ Fragen zur Fluginformation beantwortet
- ☐ Wörter im Rätsel gefunden (Anzahl: … von fünfzehn)
- ☐ Sehenswürdigkeiten auf dem Stadtplan gefunden (Anzahl: … von vierzehn)

FRAGEN IM INTERNET BEANTWORTEN

- ☐ Richtige Internetseite gefunden
- ☐ Fragen richtig beantwortet (Anzahl: … von sechs)
- ☐ Informationstext gelesen
- ☐ Fragen richtig beantwortet (Anzahl: … von elf)

VERLAUFSDIAGRAMM ANFERTIGEN

- ☐ Inhalt des Musicals gelesen
- ☐ Verlaufsdiagramm richtig ausgefüllt (Anzahl: … von 16)

INFORMATIONEN WEITERGEBEN

- ☐ Mithilfe der angegebenen Emoticons eine SMS geschrieben
- ☐ Emoticons entschlüsselt
- ☐ Ein Reisetagebuch für fünf Tage angelegt
- ☐ Das Reisetagebuch ansprechend gestaltet

Persönliche Bemerkungen:

Themenkreis: **Informationstechnologie**

Themenkreis: Ökologie

LEBEN UND LEBEN LASSEN

	 Informationserfassung	Informationsverarbeitung	Kommunikation
Aktivierung	☐ Passende Überschriften finden ☐ Das Thema des Textes erschließen	☐ Regeln erfassen ☐ Ein Exzerpt erstellen	☐ Einen Kurzvortrag halten
Training	☐ Passende Überschriften finden ☐ Das Thema des Textes erschließen	☐ Ein Exzerpt erstellen	☐ Fragen stellen ☐ Fragen beantworten
Transfer	☐ Markieren ☐ Fachbegriffe nachschlagen und erklären	☐ Informationen in Stichworten festhalten	☐ Ein Ergebnis- protokoll verfassen
Diagnose	**LERNTAGEBUCH** für die Hand des Schülers/der Schülerin **FEEDBACK BOGEN** für die Hand des Lehrers/der Lehrerin		

Themenkreis: **Ökologie**

Astleitner/Krassnig/Wehlend: Lern- und Arbeitstechniken 6. Klasse
© Brigg Pädagogik Verlag GmbH, Augsburg

Aktivierung

Leider hat der Mensch die einzigartigen Wunder der Tierwelt nicht bestaunt oder einfach nur erforscht – sondern in den meisten Fällen hemmungslos ausgerottet!

Die Erde erwärmt sich – und der Mensch ist der Hauptverantwortliche dafür!

Die Hälfte der Wälder auf der Erde sind zerstört worden, viele davon in den letzten 400 Jahren.

Fast drei Millionen Menschen sterben jährlich an den Auswirkungen von Schadstoffen in der Luft.

Wegen des Treibhauseffekts erwarten die Experten ein Ansteigen der Meeresspiegel und extreme Wetterphänomene wie Hurrikane, Überschwemmungen und Dürrekatastrophen.

Finde zu jeder Sprechblase eine passende Überschrift!

Welches Thema wird in allen Aussagen angesprochen? Schreibe es in den Kasten!

Themenkreis: **Ökologie**

Training

Durch den Temperaturanstieg wird vermutlich ein Drittel der bestehenden Lebensräume vernichtet.

Die Verbrennung von Öl, Erdgas und Kohle liefert rund 80% der industriellen Energie auf der Welt und verursacht 80% der Kohlendioxidemissionen.

Jahr für Jahr gehen große Landflächen durch Erosion, Versalzung und andere Schädigungen verloren. Weniger Äcker und Felder bedeuten weniger Nahrung.

Etwa 70% der wichtigsten Nutzfischbestände sind ausgebeutet. Die Verschmutzung der Meere steigt weiter an.

Ozeane in Gefahr

Keine Luft zum Atmen

Bedrohte Landschaften

Eine wärmere Welt?

📢 Ordne jeder Aussage eine passende Überschrift zu!

📢 Welches Thema wird in allen Aussagen angesprochen? Schreibe es oben in den Kasten!

Themenkreis: **Ökologie**

Astleitner/Krassnig/Wehlend: Lern- und Arbeitstechniken 6. Klasse
© Brigg Pädagogik Verlag GmbH, Augsburg

Transfer

Bedrohte Erde

Vor etwa zwei Millionen Jahren bevölkerten die ersten Menschen die Erde. Mit den Jahrhunderten entwickelten sie die Fähigkeit zum Lernen, zum Bauen von Werkzeugen, zur Landwirtschaft und zur Kultur. Die Eroberung des Planeten Erde begann. Satellitenbilder zeigen, dass die Einwirkungen des Menschen auf die Atmosphäre, auf Böden und Meere von enormem Ausmaß sind. Nichts bleibt unberührt.

Die Erde erwärmt sich. Der Mensch mit seinen Treibhausgas erzeugenden Autos, Fabriken, Kraftwerken ist dafür hauptverantwortlich. Im letzten Jahrhundert stieg die durchschnittliche Oberflächentemperatur um 0,5 Grad. Durch den Temperaturanstieg werden bestehende Lebensräume vernichtet.

Wälder sind die Lungen der Erde. Sie geben Sauerstoff ab und binden Kohlendioxid. Außerdem schützen sie Böden, Gewässer und am Boden lebende Tierarten. Aber rund die Hälfte der Wälder sind zerstört worden. Jedes Jahr wird eine Fläche größer als die Schweiz und Österreich gerodet. Aber auch Äcker und Felder gehen jährlich durch Schädigungen wie beispielsweise Erosion und Versalzung verloren. Weniger Äcker und Felder bedeuten weniger Nahrung für die Menschen. Besonders in den Entwicklungsländern ist dies ein großes Problem.

Vor beinahe 250 Jahren sagte Gottfried Herder: „Das Tier ist der ältere Bruder des Menschen!" In diesem Zeitraum gelang es aber dem Menschen rund 400 Tierarten auszurotten. Knapp 5500 stehen auf der „Roten Liste" der Tierschutzorganisation UNEP, sie sind massiv vom Aussterben bedroht.

Auch die Ozeane sind sehr gefährdet. Besonders Korallenriffe sind durch den Menschen bedroht. Etwa 70% der wichtigsten Nutzfischbestände sind ausgebeutet. Die Verschmutzung der Meere durch Haushalts- und Industrieabwässer steigt weiter an.

Fast drei Millionen Menschen sterben jährlich an den Auswirkungen von Schadstoffen wie Schwefeldioxid, Stickstoffoxid, Ozon in der Luft. Besonders betroffen sind Stadtkinder in den Entwicklungsländern. Trotzdem steigt die Weltbevölkerung stetig an. Schafft der Mensch diese Herausforderung?

(vgl. National Geographic Deutschland, 9/2002, S.77-91)

🔊 Lies den Text! Welche Probleme sind durch das Eingreifen des Menschen auf der Erde entstanden? Markiere im Text!

🔊 Unterstreiche mit Bleistift im Text folgende Begriffe und kläre ihre Bedeutung mit einem Lexikon oder Wörterbuch!

Atmosphäre   Treibhausgas   Kohlendioxid   Erosion   Ozon

Themenkreis: **Ökologie**

Aktivierung I

Das Exzerpt

↗ Das Exzerpt ist ein schriftlicher, mit dem Originaltext übereinstimmender Auszug aus einem Werk.

↗ Exzerpieren bedeutet _____

_____

↗ Lies den Text zunächst sehr aufmerksam durch! Mache dir beim Lesen schon **Notizen** auf einem Blatt Papier!

↗ **Unterstreiche** beim zweiten Lesen die **Schlüsselbegriffe**! (=Hauptinformationen)

↗ **Schreibe** dann mithilfe der unterstrichenen Wörter und deiner Notizen die Informationen **stichwortartig** auf ein Blatt Papier!

↗ Achte besonders auf eine **übersichtliche Anordnung**!

↗ Das Exzerpt dient oft als **Grundlage für ein Referat**, eine Diskussion, es kann auch als Prüfungsvorbereitung verwendet werden.

◀)) Lies die Tipps zur Erstellung eines Exzerpts sorgfältig durch!

◀)) Ergänze mithilfe eines Wörterbuches!

Themenkreis: **Ökologie**

Astleitner/Krassnig/Wehlend: Lern- und Arbeitstechniken 6. Klasse
© Brigg Pädagogik Verlag GmbH, Augsburg

Aktivierung II

Bedrohte Erde

Menschen bevölkern die Erde seit vielen Millionen Jahren. Die Menschen sind die am weitesten verbreitete Art. Sie wirken auf die Atmosphäre, auf die Böden und Meere ein. Autos, Fabriken und Kraftwerke erzeugen Treibhausgas. Die Erde erwärmt sich dadurch immer mehr. Lebensräume werden vernichtet. Wälder geben Sauerstoff ab und binden Kohlendioxid.
Sie schützen Böden, Gewässer und Tiere. Große Flächen werden zerstört. Auch viele Äcker und Felder gehen verloren und Nahrung wird knapp. Der Mensch rottet aber auch Tiere aus, viele Arten sind massiv vor dem Aussterben bedroht. Der Mensch beutet auch die Meere aus, die Verschmutzung der Meere steigt an.
Fast 3 Millionen Menschen sterben durch die verschmutzte Luft. Besonders die Kinder in den Entwicklungsländern.

📢 Eine Schülerin hat zu dem Text „Bedrohte Erde" ein Exzerpt verfasst! Stelle fest, welche Tipps nicht beachtet wurden!

📢 Erstelle ein korrigiertes Exzerpt!

Themenkreis: **Ökologie**

Astleitner/Krassnig/Wehlend: Lern- und Arbeitstechniken 6. Klasse
© Brigg Pädagogik Verlag GmbH, Augsburg

Training

Klima ändert sich rascher

Starker Temperaturanstieg seit 1990 gefährdet Tier- und Pflanzenarten

Seit 1850 hat die **Durchschnittstemperatur** in Mitteleuropa um rund 1,8 Grad Celsius **zu-genommen**. Auch der Mittelwert der Lufttemperatur im von vielen als zu kühl empfundenen Sommer 2004 lag um 0,5 bis ein Grad über dem langjährigen Durchschnitt, ergaben die Auswertungen der Zentralanstalt für Meteorologie und Geodynamik in Wien.

Der durch den **Anstieg von Treibhausgasen** wie Kohlendioxid ausgelöste **Klimawandel** „geht viel rascher und dramatischer vor sich, als wir das erwartet haben", sagt die Meteorolo-gin Univ.-Prof. Helga Kromp-Kolb. Durch die Erwärmung sind die **Lebensräume vieler Tier- und Pflanzenarten bedroht**, etwa jene der Eisbären oder der Alpenblumen.

Eine **Initiative zum Schutz der Artenvielfalt** ist eine Kooperation der **Umweltorgani-sation WWF** u. a. mit dem **Forum Rohstoffe**, einer Plattform der heimischen Rohstoff-industrie wie den Kies-, Sand- und Schotterwerken. Diese führen auf ihren Gewinnungs-flächen viele **Natur- und Artenschutzprogramme** durch. So erfolgen oft schon während der Rohstoffentnahme Rekultivierungsmaßnahmen. Dabei entstehen **neue Lebensräume für seltene Tiere und Pflanzen** – etwa Eisvögel, Libellen, Uferschwalben oder Amphibien wie Gelbbauchunken und Kreuzkröten.

(Kurier-Sonderbeilage, 23.9.2004)

📢 Erstelle von diesem Zeitungsartikel ein Exzerpt! Beachte dabei die Tipps! Als Hilfe wurden die Schlüsselbegriffe bereits fett gedruckt!

📢 Was bedeutet das Wort Rekultivierungsmaßnahmen? Erkläre schriftlich!

Themenkreis: **Ökologie**

Astleitner/Krassnig/Wehlend: Lern- und Arbeitstechniken 6. Klasse
© Brigg Pädagogik Verlag GmbH, Augsburg

Transfer

🌍 **Ozeane in Gefahr**

🌍 **Keine Luft zum Atmen**

🌍 **Eine wärmere Welt**

🌍 **Bedrohte Landschaften**

🔊 Notiere zu diesen Überschriften Informationen in Stichworten!

Themenkreis: **Ökologie**

Aktivierung

Orang Utan Mütter werden getötet, um ihre Babys gewinn- bringend zu verkaufen – die sanften Waldbewohner mit dem schütteren roten Haar sind vom Aussterben bedroht!

Durch die Luftverschmutzung zerstören wir nach und nach viele Ökosysteme mit den vielen Arten, die darin leben. Damit zerstören wir auch unsere eigene Lebens- grundlage!

Bedrohte Arten muss der Mensch schützen, geschädigte Lebens- räume wiederherstellen!

Rund 400 Tiger gibt es noch im Waldgebiet nördlich von Wladiwostok. Die Zahl ist aber fallend. Denn ein Tigerfell bringt auf dem Schwarzmarkt ungefähr 10.000 Euro und auch die Knochen sind 8.000 Euro wert.

Unsere Gletscher schmelzen. Daher wandern die Lebensräume nach oben. Irgendwann ist es dann aus – und das Edelweiß in unseren Alpen ausgestorben.

Pro Sekunde werden auf der Welt 150 Kubikmeter Erdöl gefördert. Dieser Brennstoff verursacht etwa 40 Prozent der 22 Milliar- den Tonnen Kohlendioxid, die pro Jahr in die Atmos- phäre gelangen.

Halte einen Kurzvortrag, der mit dem Satz „Und deshalb müssen wir alle für Klima- und Artenschutz eintreten!" endet. Verwende die Argumente dieser Seite und auch die von dir zusammengestellten Informationen!

Astleitner/Krassnig/Wehlend: Lern- und Arbeitstechniken 6. Klasse
© Brigg Pädagogik Verlag GmbH, Augsburg

Training

Bedrohte Tierarten in Mitteleuropa

Die Libelle

Libellen zählen zu den ältesten Fluginsekten. Sie können bis zu 40 km/h schnell fliegen und
als einzige Insekten sogar rückwärts. Durch das Verschwinden von Feuchtgebieten sind sie
in Mitteleuropa vom Aussterben bedroht. Libellen bohren ihre Eier in Pflanzen, streifen sie
im Flug ins Wasser oder auf Schlammflächen. Um zu wachsen, muss sich die Larve bis zu 15
Mal häuten. Besonders gerne leben sie an großen Flüssen, sie werden wenige Tage bis einige
Wochen alt. Die Larven der Libelle leben von Kleinkrebsen, Würmern und Stechmückenlarven,
die Libellen ernähren sich von Blattläusen, Stechmückenlarven und Fliegen.

Der Eisvogel

Einer der seltensten und farbenprächtigsten Vögel ist der Eisvogel. Er ist etwa 17 cm groß
und nur 45 Gramm schwer. Die Erkennungszeichen sind sein schillernd blau bis blaugrünes
Gefieder an der Oberseite, die weiße Kehle und der orange Bauch. Er lebt an naturnahen
Bächen und Flüssen und bevorzugt Böschungen, die fast senkrecht zum Wasser hin abfallen.
Im April oder Mai gräbt das Eisvogelpärchen in die Böschung einen bis zu ein Meter langen
Tunnel. Darin legt das Weibchen sechs bis sieben schneeweiße Eier. Nach 17 Tagen schlüpfen
die Jungvögel. Eisvögel ernähren sich von Kleinfischen. Auf einem Ast über dem Wasser
wartet der Vogel bis sich Beute zeigt und stürzt sich dann pfeilschnell kopfüber ins Wasser. In
Mitteleuropa steht der Eisvogel auf der Liste der bedrohten Arten, weil es kaum noch Flüsse
mit Steilwänden gibt.

Die Wildbiene

Weltweit gibt es 30.000 Arten dieses Insekts, in Mitteleuropa kommen etwa 670 vor. Die
meisten Wildbienen legen Gänge im Erdreich an Waldrändern und -lichtungen an. Manche
Arten wählen auch hohle Pflanzenstängel, Erd- oder Mauerspalten sowie leere Schnecken-
häuser. Die meisten Wildbienen leben einzeln. Die Weibchen haben zwar einen Stachel,
setzen diesen aber nicht gegen Menschen ein. Sie spielen eine wichtige Rolle – wie die Honig-
bienen – bei der Bestäubung von Pflanzen. Aber ihr Überleben hängt auch von bestimmten
Wildpflanzen ab. Ihr Lebensraum wird immer kleiner, durch eingeschleppte Pflanzen, deren
Pollen und Nektar nicht so nahrhaft ist, verhungern sie gleichsam am gedeckten Tisch.

🔊 Suche dir einen Lernpartner/in! Jeder/jede wählt eine Tierart aus
und formuliert zum Text sieben Fragen! Geht dann paarweise zusammen. Der erste/die erste stellt die erste Frage, der Lernpartner/
die Lernpartnerin antwortet oder sucht die Antwort im Text!

Astleitner/Krassnig/Wehlend: Lern- und Arbeitstechniken 6. Klasse
© Brigg Pädagogik Verlag GmbH, Augsburg

Themenkreis: **Ökologie**

Transfer

Sitzung der Tierschutzgruppe „Rote Vögel"

Am 2. Dezember traf sich die Tierschutzgruppe „Rote Vögel" in ihrem Vereinslokal zur monatlichen Sitzung. Es waren anwesend: die Vorsitzende des Vereins, Frau Dr. Elisabeth Kassna, ihr Stellvertreter, Herr Bernhard Moder, die Kassiererin Frau Dorothea Astlinger und die ordentlichen Mitglieder Frau Dr. Gabriela Müller, Herr Franz Raabe, Herr Georg Tunik, Herr Josef Panner, Frau Regina Gribich und Herr Bruno Sanger.
Zu Beginn begrüßte die Vorsitzende alle anwesenden Mitglieder, nur Herr Tunik war krankheitshalber nicht anwesend. Außerdem verlas sie die Tagesordnungspunkte:
1.) Begrüßung, 2.) Festellen der Anwesenheit, 3.) Referat Universitätsprofessor Dr. Kurt Hornig, 3.) Diskussion, 4.) Abstimmung, 5.) Verschiedenes.

Als Referent wurde anschließend Universitätsprofessor Dr. Kurt Hornig begrüßt. Er referierte zum Thema „Bedrohte Tierarten in Mitteleuropa". Besonders genau beschrieb er den Eisvogel, die Wildbiene und die Libelle. Außerdem stellte er ein Projekt vor, das die Errichtung eines Libellenteiches vorsieht. Nach dem Referat und einer anschließenden Diskussion wurde darüber abgestimmt, ob der Verein das vorgestellte Projekt finanziell unterstützen sollte. Die Abstimmung ging mit einer Gegenstimme für eine Unterstützung aus. Die Kassiererin Frau Astlinger bat daher alle Mitglieder nochmals dringend um Spenden. Alle Mitglieder sicherten zu, Spenden auf das Vereinskonto einzuzahlen.

Zum Punkt „Verschiedenes" meldete sich Herr Panner zu Wort und schlug vor, bei der nächsten Sitzung einen Referenten zum Thema „Klimawandel" einzuladen. Der Vorschlag wurde mit zwei Gegenstimmen angenommen. Frau Dr. Gabriela Müller meinte, dass ihr für die Vereinszeitung noch Beiträge fehlen würden. Frau Dorothea Astlinger erklärte sich bereit, zum Thema „Treibhauseffekt in Deutschland" einen Beitrag zu verfassen. Andere Mitglieder wollten noch diverse Tierfotos zur Verfügung stellen. Für das nächste Treffen wurde der 2. Februar, 18.00 Uhr vorgeschlagen und einstimmig angenommen.

🔊 Verfasse ein übersichtliches Ergebnisprotokoll, so als wärst du bei dieser Sitzung dabei gewesen! Die Notizen dienen als Grundlage! Gestalte zunächst den Kopf des Protokolls (Termin, Anwesende, Tagesordnungspunkte), schreibe dann nur die Ergebnisse dieser Sitzung auf!

Themenkreis: **Ökologie**

Astleitner/Krassnig/Wehlend: Lern- und Arbeitstechniken 6. Klasse
© Brigg Pädagogik Verlag GmbH, Augsburg

Diagnose   Lerntagebuch

Ein Tagebuch dient dazu seine Erlebnisse, Gefühle und Gedanken aufzuschreiben. Das Lerntagebuch soll dir helfen dein eigenes Lernen genauer unter „die Lupe zu nehmen", deine Stärken und Schwächen besser einzuschätzen und selbstständig zu überlegen, was du noch besser machen könntest. Schreibe daher nach dem Bearbeiten der einzelnen Aufgaben zum Thema „Leben und leben lassen" auf, was du gelernt hast, was du bereits gut kannst, was dir Spaß gemacht hat und was noch Probleme bereitet.

Das habe ich gelernt:

Besonders leicht gefallen ist mir:

Das gefiel mir besonders gut:

Das müsste ich noch üben:

Themenkreis: **Ökologie**

Diagnose   Feedback Bogen

LEBEN UND LEBEN LASSEN

Name: _____

ÜBERSCHRIFTEN ZUORDNEN UND FINDEN, MARKIEREN, NACHSCHLAGEN, ERKLÄREN

- ☐ Die Statements inhaltlich erfasst
- ☐ Überschriften richtig zugeordnet
- ☐ Das Thema der Statements erkannt
- ☐ Passende Überschrift formuliert
- ☐ Problembereiche im Text korrekt markiert
- ☐ Mit dem Bleistift unterstrichen
- ☐ Fremdwörter korrekt erklärt

SINNERFASSEND LESEN, REGELN ERARBEITEN, ERGÄNZEN, VERBESSERN, MARKIEREN, EXZERPIEREN, NOTIEREN

- ☐ Tipps gut umgesetzt
- ☐ Fremdwort schriftlich richtig erklärt
- ☐ In verständlichen Sätzen geschrieben
- ☐ Fehler richtig analysiert
- ☐ Ein Exzerpt nach vorgegebenen Kriterien korrekt verfasst
- ☐ Informationen in Stichworten zusammengefasst

SINNERFASSEND LESEN, EINEN KURZVORTRAG HALTEN, ARGUMENTIEREN, FRAGEN FORMULIEREN UND BEANTWORTEN, EIN ERGEBNISPROTOKOLL VERFASSEN

- ☐ In ganzen Sätzen gesprochen
- ☐ Alle Argumente in den Kurzvortrag eingebaut
- ☐ Fragen korrekt formuliert
- ☐ Fragen richtig beantwortet
- ☐ Alle Informationen eingearbeitet
- ☐ Ergebnisprotokoll richtig erstellt
- ☐ In verständlichen Sätzen geschrieben

Persönliche Bemerkungen:

Themenkreis: **Ökologie**

Astleitner/Krassnig/Wehlend: Lern- und Arbeitstechniken 6. Klasse
© Brigg Pädagogik Verlag GmbH, Augsburg

Themenkreis: Selbstständigkeit und Eigenverantwortung

PLANSPIEL

Im Planspiel übst du viele Arbeitstechniken, die du in
Lern- und Arbeitstechniken für die 5. und 6. Klasse kennengelernt hast!

☞	Beschreibung	Arbeitstechnik	Zeit-leiste
Spielbe-schreibung	Erklärungen über die Absichten und den Ablauf des Spiels Verteilen der Rollen – Gruppenbildung	■ Mündliche Informationen aufnehmen	15 min
Informations-phase innerhalb der eigenen Gruppe	Jede Gruppe sichtet, liest und sortiert die erhaltenen Unterlagen. Notizzettel als Gedächtnisstütze werden angefertigt. **Ziel:** Information über Aufgabenbereich erlangen	■ 5 – Schritte – Lesemethode ■ Markieren ■ Strukturieren ■ Exzerpt anfertigen ■ Stichwortzettel anlegen ■ Zeitmanagement beherrschen	50 min/ Arbeits-teilung
Strategie-planung innerhalb der eigenen Gruppe	Die gesammelten Informationen werden allen Mitgliedern mitgeteilt und die Vorgehensweisen gegenüber den anderen Gruppen besprochen. **Ziel:** Problemlösungswege finden	■ Einen Kurzvortrag mithilfe eines Stichwortzettels halten ■ Gesprächsregeln beachten ■ Problemlösungsstrategien entwickeln	50 min
Verhand-lungsphase	In dieser Phase ist es den Gruppen erlaubt, mit den anderen Gruppen Kontakt aufzunehmen. **Ziel:** Abklärung der anderen Standpunkte, Vorbereiten eines möglichen Übereinkommens	■ Gesprächsregeln beachten ■ Problemlösungsstrategien entwickeln ■ Notizen machen ■ Protokoll schreiben ■ Informationen weitergeben	50 min/ Arbeits-teilung
Abschluss-konferenz	Alle Gruppen treffen einander. Der Gruppensprecher/die Gruppensprecherin informiert alle Anwesenden über die getroffenen Entscheidungen.	■ Einen Vortrag halten	30 min
Spielaus-wertung	siehe Lerntagebuch		

Astleitner/Krassnig/Wehlend: Lern- und Arbeitstechniken 6. Klasse
© Brigg Pädagogik Verlag GmbH, Augsburg

Themenkreis: **Selbstständigkeit und Eigenverantwortung**

☞☞ Planspiel: „Firma Decker vor dem Aus!"

1. Spieleinführung

Versetzt euch in folgende Lage:

Ihr wohnt alle in der Gemeinde Groß Hofling, einem Ort mit zirka 5000 Einwohnern. 520 Groß Hoflinger arbeiten in der Firma Decker, die Fertigmenüs und Dosensuppen herstellt. Die nächste größere Stadt in der andere Gemeindebewohner Arbeit gefunden haben, liegt 40 Kilometer weit entfernt.

Nun soll die Produktionsabteilung der Firma Decker nach Tschechien verlegt werden, um von den niedrigen Löhnen in Osteuropa zu profitieren. Der Forschungs- und Verwaltungsbereich soll in Groß Hofling bleiben. Dennoch würden 450 Menschen ihren Arbeitsplatz verlieren.

Viele Groß Hoflinger sind mit diesem Plan nicht einverstanden und versuchen konkrete Informationen zu erhalten.

Die Fragen, die sich alle Betroffenen stellen, heißen:

a)   Wie viel an Lohnkosten würde die Firma Decker bei einer Verlegung der Firma nach Tschechien einsparen?

b)   Was muss getan werden, um die Arbeitsplätze zu erhalten?

c)   Gibt es öffentliche Institutionen (Gemeinde, Land, Bund, EU), die eine Abwanderung verhindern können?

d)   Wie sollen – im Falle einer Teilstilllegung des Betriebs – die arbeitslosen Menschen versorgt werden?

Folgende Interessenvertretungen sind am Entscheidungsprozess beteiligt:

(A)   Geschäftsleitung
(B)   Betriebsrat der Firma
(C)   Bürgermeister und Gemeinderäte
(D)   Bank
(E)   Journalisten des Groß Hoflinger Tagblattes
(F)   Amt für Wirtschaftsförderung des Bundeslandes

Themenkreis: Selbstständigkeit und Eigenverantwortung

Astleitner/Krassnig/Wehlend: Lern- und Arbeitstechniken 6. Klasse
© Brigg Pädagogik Verlag GmbH, Augsburg

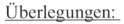 **Planspiel: „Firma Decker vor dem Aus!"**

2. Rollenkarten

Jede Gruppe bekommt nur die eigene Rollenkarte und kann den Text der anderen Gruppen nicht lesen!

(A) Geschäftsleitung

Ihr seid für die Firma Decker verantwortlich. Daher ist es euer Bestreben, möglichst hohe Gewinne zu erzielen. Wegen der besonders niedrigen Löhne in Tschechien seid ihr fest entschlossen, die Produktion in dieses Land zu verlegen. So könnt ihr die Produkte günstiger verkaufen als eure Konkurrenz, die Firma „Suppe & mehr", ohne dass euer Gewinn geringer wird.

Überlegungen:

- Erklärt dem Gemeinderat, dass immerhin 70 Menschen ihren Arbeitsplatz behalten!
- Versucht, die Presse mit euren Informationen zu versorgen!
- Macht euch die Bank zur Verbündeten. Sie hat Interesse daran, dass es der Firma gut geht!
- Welche Forderungen müssten erfüllt werden, um die Verlegung zu stoppen?

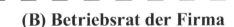

(B) Betriebsrat der Firma

Ihr vertretet die Interessen der Arbeitnehmer und Arbeitnehmerinnen der Firma Decker und daher seid ihr entschieden gegen die Auslagerung der Produktion. 450 Menschen verlieren dadurch ihren Arbeitsplatz.
Ihr seid aber grundsätzlich bereit, sowohl bei den Löhnen als auch bei der Arbeitszeit (Nachtarbeit, Sonntagsarbeit bei gleicher Bezahlung) Zugeständnisse zu machen.

Überlegungen:

- Versucht herauszubekommen um wie viel billiger die Arbeitnehmer/Arbeitnehmerinnen in Tschechien arbeiten!
- Verdeutlicht der Geschäftsleitung, welchen Stellenwert das heimische Know-how und die Produktion hat (Werbestrategie: „Nahrungsmittel aus Deutschland schmecken besser")!
- Versucht, über die Presse öffentlichen Druck auf die Geschäftsleitung auszuüben!

Astleitner/Krassnig/Wehlend: Lern- und Arbeitstechniken 6. Klasse
© Brigg Pädagogik Verlag GmbH, Augsburg

Themenkreis: **Selbstständigkeit und Eigenverantwortung**

☞☞ Planspiel: „Firma Decker vor dem Aus!"

(C) Bürgermeister und Gemeinderäte

Als gewählte Politiker habt ihr natürlich die Interessen aller Groß Hoflinger zu vertreten. Ihr versucht alles, um die Firma Decker im Ort zu halten. Sie ist einerseits der größte Steuerzahler und andererseits gibt sie 520 Bürgerinnen und Bürgern Arbeit. Ihr werdet natürlich eng mit dem Amt für Wirtschaftsförderung zusammenarbeiten um eventuell Zuschüsse des Landes bzw. der EU für die Firma zu erhalten.

Überlegungen:

- Fragt beim Amt für Wirtschaftsförderung um Zuschüsse!
- Besprecht im Gemeinderat, ob eine befristete Stundung der Gewerbesteuer möglich wäre!
- Könnt ihr durch infrastrukturelle Investitionen (Ausbau von Zufahrtswegen zur Firma, Zuschüsse beim Bau von Verbindungsgleisen zur nächsten Bahnstation,…) die Firma zum Bleiben überreden?
- Nehmt Gespräche mit dem Betriebsrat auf!

(D) Bank

Als Vorstandsmitglieder der örtlichen Bank wollt ihr natürlich zahlungskräftige Kreditkunden so wie die Firma Decker. Doch gibt es Beweise, dass die Firma in den letzten Jahren große Verluste hinnehmen musste. Den Kredit, den die Geschäftsleitung für die Auslagerung der Produktion nach Tschechien benötigen würde, habt ihr noch nicht genehmigt.

Überlegungen:

- Wird die Firma Decker durch die Auslagerung der Produktion nach Tschechien bald wieder Gewinne erwirtschaften?
- Ist das Image der Bank in Groß Hofling durch die Finanzierung der Firma nicht langfristig geschädigt?
- Versucht mit dem Amt für Wirtschaftsförderung in Kontakt zu treten! Vielleicht erfahrt ihr etwas über geplante Förderungen der Firma.

Themenkreis: **Selbstständigkeit und Eigenverantwortung**

Astleitner/Krassnig/Wehlend: Lern- und Arbeitstechniken 6. Klasse
© Brigg Pädagogik Verlag GmbH, Augsburg

☞☞ Planspiel: „Firma Decker vor dem Aus!"

(E) Journalisten des Groß Hoflinger Tagblattes

Ihr seid die einzige Gruppe, die vom Beginn des Spiels an in alle anderen Gruppen gehen darf!
Als unabhängige Journalisten versucht ihr objektive (sachliche) Informationen über die Vorgänge in Groß Hofling zu erhalten. Daher müsst ihr Kontakt zu allen anderen Gruppen aufnehmen und euch berichten lassen. Eure Beiträge veröffentlicht ihr als Wandzeitung an einem Ort, der für alle Gruppen zugänglich ist.

Überlegungen:

■ Versucht in eurer Rolle für keine Gruppe Partei zu ergreifen; berichtet also sachlich!

■ Vereinbart am Beginn regelmäßige Erscheinungszeitpunkte (z. B. alle 50 Minuten). So wissen eure Mitspieler/Mitspielerinnen, wann eure Zeitung erscheint!

■ Schreibt in jeder Ausgabe allen Beteiligten kurze Mitteilungen (=Memos). So werden alle Gruppen informiert.

(F) Amt für Wirtschaftsförderung des Bundeslandes

Als Mitglieder des Amtes für Wirtschaftsförderung seid ihr für die Ansiedlungen und den Erhalt von Firmen in eurem Bundesland zuständig. Je nach Wirtschaftslage und gebietsmäßiger Bedürftigkeit könnt ihr Unterstützungen geben. Dafür braucht ihr aber ein gutes Konzept der Firma und die Gewissheit, dass sie förderungswürdig ist.

Überlegungen:

■ Nehmt Kontakt mit der Firma Decker auf und lasst euch einen Plan vorlegen! Was müsst ihr tun, um die Firma in Groß Hofling zu halten?

■ Sprecht mit der Bank und dem Gemeinderat! Vielleicht findet ihr gemeinsam ein Finanzierungskonzept!

Astleitner/Krassnig/Wehlend: Lern- und Arbeitstechniken 6. Klasse
© Brigg Pädagogik Verlag GmbH, Augsburg

Themenkreis: **Selbstständigkeit und Eigenverantwortung**

☞☞ **Planspiel: „Firma Decker vor dem Aus!"**

3. Informationskarten für jede Gruppe

(A) Geschäftsleitung

Der Kostendruck zwingt die Geschäftsleitung die Produktion auszulagern.

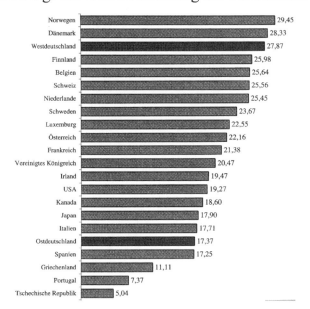

Arbeitskosten je geleistete Arbeitsstunde in Euro im Jahr 2005 (Vergleich)

Die Firma muss als führendes Unternehmen in ihrer Branche auf ihre Wettbewerbs-
fähigkeit achten. Daher müssen Gewinne unbedingt sein. Alle Verluste sind zu
vermeiden! Die Produktion der Suppen und Fertigmenüs kostet zu viel. In einer
Sitzung der Geschäftsleitung wurden daher folgenden Maßnahmen angedacht,
allerdings noch nicht entschieden:

*) Die Produktion im Betrieb Groß Hofling wird baldmöglichst stillgelegt und nach
Tschechien verlagert. Dadurch können jährlich Lohn- und Lohnnebenkosten in
Millionenhöhe eingespart werden. In Tschechien gibt es genügend stillgelegte
Firmen, in deren Hallen die Maschinen für die Herstellung der Produkte
aufgestellt werden könnten. Eine Alternative dazu wäre der Bau einer neuen
Fabrik in Grenznähe, da der zuständige tschechische Bürgermeister ein komplett
erschlossenes Grundstück gratis in Aussicht gestellt hat.

*) In Groß Hofling sollen die Abteilungen Forschung und Verwaltung bleiben. Falls
sich die Umsiedlung der Produktionsabteilung lohnt, wird die Eröffnung einer
großen Marketingabteilung am Standort überlegt. Das würde dann sicherlich 50
neue Arbeitsplätze bringen.

*) Die Produktpalette der Firma Decker wird erweitert, da die Produktionskosten in
Tschechien geringer sind.

Themenkreis: **Selbstständigkeit und Eigenverantwortung**

Astleitner/Krassnig/Wehlend: Lern- und Arbeitstechniken 6. Klasse
© Brigg Pädagogik Verlag GmbH, Augsburg

☞☞ Planspiel: „Firma Decker vor dem Aus!"

(B) Betriebsrat der Firma

Rechtliche Stellung von Betriebsräten

Die Betriebsräte dürfen in der Ausübung ihrer Tätigkeit nicht beschränkt und insbesondere hinsichtlich des Entgelts und der beruflichen Aufstiegsmöglichkeiten nicht benachteiligt werden.

Auf Antrag des Betriebsrats muss die folgende Anzahl von Betriebsräten unter Weiterzahlung des Entgelts freigestellt werden:
- In Betrieben mit mehr als 200 regelmäßig beschäftigten Arbeitnehmern ein Betriebsrat.
- In Betrieben mit mehr als 500 Arbeitnehmern zwei Betriebsräte.
- In Betrieben mit mehr als 900 Arbeitnehmern drei Betriebsräte.

§ 102 Mitbestimmung des Betriebrats bei Kündigung

(1) Der Betriebsrat ist vor jeder Kündigung zu hören. Der Arbeitgeber hat ihm die Gründe für die Kündigung mitzuteilen. Eine ohne Anhörung des Betriebsrats ausgesprochene Kündigung ist unwirksam.

(2) Hat der Betriebsrat gegen eine ordentliche Kündigung Bedenken, so hat er diese unter Angabe der Gründe dem Arbeitgeber spätestens innerhalb einer Woche schriftlich mitzuteilen. Äußert er sich innerhalb dieser Frist nicht, gilt seine Zustimmung zur Kündigung als erteilt. (…) Der Betriebsrat soll, soweit dies erforderlich erscheint, vor seiner Stellungnahme den betroffenen Arbeitnehmer hören.

(3) Der Betriebsrat kann innerhalb der Frist von einer Woche der ordentlichen Kündigung widersprechen, wenn z. B.:
Der Arbeitgeber bei der Auswahl des zu kündigenden Arbeitnehmers soziale Gesichtspunkte nicht oder nicht ausreichend berücksichtigt hat (…)

§ 3 Kündigungseinspruch des Arbeitnehmers

Hält der Arbeitnehmer eine Kündigung für sozial ungerechtfertigt, so kann er binnen einer Woche nach der Kündigung Einspruch beim Betriebsrat einlegen. Erachtet der Betriebsrat den Einspruch für begründet, so hat er zu versuchen, eine Verständigung mit dem Arbeitgeber herbeizuführen. Er hat seine Stellungnahme zu dem Einspruch dem Arbeitnehmer und dem Arbeitgeber auf Verlangen schriftlich mitzuteilen.
(Auszug aus dem Betriebsverfassungsgesetz)

§ 4 Anrufung des Arbeitsgerichtes

Will ein Arbeitnehmer geltend machen, dass eine Kündigung sozial ungerechtfertigt oder aus anderen Gründen rechtsunwirksam ist, so muss er innerhalb von drei Wochen nach Zugang der schriftlichen Kündigung Klage beim Arbeitsgericht auf Feststellung erheben, dass das Arbeitsverhältnis durch die Kündigung nicht aufgelöst ist. Hat der Arbeitnehmer Einspruch beim Betriebsrat eingelegt, so soll er der Klage die Stellungnahme des Betriebsrats beifügen. *(Auszug aus dem Kündigungsschutzgesetz)*

Astleitner/Krassnig/Wehlend: Lern- und Arbeitstechniken 6. Klasse
© Brigg Pädagogik Verlag GmbH, Augsburg

Themenkreis: **Selbstständigkeit und Eigenverantwortung**

☞☞ Planspiel: „Firma Decker vor dem Aus!"

(C) Bürgermeister und Gemeinderäte

Die Firma ist für Groß Hofling ein zentraler Wirtschaftsfaktor. Das beginnt bei der Gewerbesteuer und reicht über das breite Angebot an Arbeitsplätzen bis hin zur Kaufkraft der Beschäftigten, die letztlich zu großen Teilen der Groß Hoflinger Geschäftswelt zufließt.

Die Firma Decker zahlte in den letzten Jahren wegen der Verluste nicht mehr so große Summen an Gewerbesteuern, dennoch fließen jährlich ca. 200.000 € in die Gemeindekasse. Außerdem bietet die Firma 520 Bürgern Beschäftigung und trägt so maßgeblich dazu bei, dass diese in Groß Hofling wohnen bleiben.

Daher einigen sich die Gemeinderäte auf folgende Resolution (=Beschluss):

Die Schließung der Firma Decker hätte für unsere Gemeinde katastrophale Folgen. Ganze Familien würden in die Arbeitslosigkeit getrieben. Die Struktur der Gemeinde würde erheblich verändert werden. Viele langjährige Arbeitnehmer / Arbeitnehmerinnen, die ihre ganze Zukunftsplanung auf einen sicher geglaubten Arbeitsplatz aufgebaut haben, werden bitter enttäuscht.

Dies alles sollte den Verantwortlichen des Unternehmens Anlass sein, die bestehenden Pläne zu verwerfen.

Astleitner/Krassnig/Wehlend: Lern- und Arbeitstechniken 6. Klasse
© Brigg Pädagogik Verlag GmbH, Augsburg

☞☞ Planspiel: „Firma Decker vor dem Aus!"

(D) Bank

Die Firma Decker hat, wie aus Bankenkreisen verlautet, bei verschiedenen Kreditinstituten 50 Millionen € Schulden. Die betreffenden Banken haben nach und nach Kredite in dieser Höhe bereitgestellt und beginnen nun allmählich daran zu zweifeln, ob die Ertragskraft der Firma ausreicht, die gewährten Kredite ausreichend abzusichern und die fälligen Zinsen termingerecht zu zahlen. Mit der Zahlung der Zinsen gab es im letzten Jahr bereits erhebliche Schwierigkeiten. Hauptgläubiger ist mit rund 20 Millionen € Kreditsumme die Bank in Groß Hofling. Zwar sind die gewährten Kredite durch Vermögenswerte der Firma Decker und durch staatliche Bürgschaften weitgehend abgesichert, aber die kräftigen Verluste in den letzten Jahren haben die Groß Hoflinger Bank vorsichtig werden lassen.

Wie ein Sprecher der Geschäftsleitung der Firma Decker verlauten ließ, haben sich die Banken alles, was dem Unternehmen gehört, überschreiben lassen: Grundstücke, Gebäude, Produktnamen und Patente.

Deshalb müssten die Banken unbedingt wieder Vertrauen in die Firma finden, damit der Kredithahn nicht plötzlich ganz abgedreht wird.

Die Firmenleitung sieht nun durch die Produktionsauslagerung die Möglichkeit, in Zukunft wieder Gewinne zu erwirtschaften und ihren Zahlungsverpflichtungen nachzukommen.

Staatliche Hilfe für das Werk in Groß Hofling ist noch ungewiss; Gespräche wurden aber bereits begonnen.

Astleitner/Krassnig/Wehlend: Lern- und Arbeitstechniken 6. Klasse
© Brigg Pädagogik Verlag GmbH, Augsburg

Themenkreis: **Selbstständigkeit und Eigenverantwortung**

☞☞ Planspiel: „Firma Decker vor dem Aus!"

(E) Journalisten des Groß Hoflinger Tagblattes

Würde die Produktion der Firma Decker tatsächlich geschlossen, so hätte das für die Belegschaft des Werkes ziemlich schlimme Folgen. Die Arbeitslosigkeit würde in Groß Hofling von derzeit 8 Prozent auf über 20 Prozent ansteigen. Da es in der Gegend um Groß Hofling wenig andere Arbeitsmöglichkeiten gibt, wären die Menschen wohl längerfristig arbeitslos. Besonders betroffen sind Frauen ohne Fachausbildung, die jetzt in der Fabrik arbeiten. Fast 300 der 450 Werktätigen sind Frauen. Die meisten von ihnen sind relativ alt, arbeiten schon viele Jahrzehnte in der Firma und wären daher nur schwer in einen neuen Job zu vermitteln. Ähnliches dürfte für die knapp 50 Teilzeitarbeitskräfte gelten, die wegen ihrer schulpflichtigen Kinder nur schwer in andere Landesteile pendeln können, um neue Jobs zu finden.

Leserbriefe zur geplanten Produktionsverlagerung:

Wozu die ganze Aufregung?

Die Aufregung, die die geplante Stilllegung der Suppenfabrik auslöst, ist mir ziemlich unverständlich. Die Bürger hierzulande wollen doch freien Welthandel und freundschaftliche Beziehungen zu den jetzt marktwirtschaftlich orientierten Ländern Osteuropas. Sie wollen ferner niedrige Preise für Produkte bezahlen.
Und nach allem, was bekannt ist, ist die Firma Decker nicht mehr wettbewerbsfähig.
Wenn daher jetzt über eine Stilllegung nachgedacht wird, dann ist das doch nicht weiter verwunderlich. Das ist eben freie Marktwirtschaft!

Die Verantwortlichen sollten sich schämen!

1959 hat alles so großartig begonnen. Groß Hofling stellte Gelände kostenlos zur Verfügung und verzichtete lange Jahre auf die Gewerbesteuer. Das Land unterstützte den Firmenaufbau und -ausbau mit vielfältigen Finanzhilfen, und die Arbeitskräfte trugen mit ihren niedrigen Löhnen und ihrer Einsatzbereitschaft wesentlich dazu bei, dass die Firma bald ihr 50-jähriges Jubiläum feiern kann. Daher sollte sich die Geschäftsleitung überlegen, wo sie feiern will. Bei uns, die das alles möglich gemacht haben, oder in einem anderen Land! Gratulation!

Astleitner/Krassnig/Wehlend: Lern- und Arbeitstechniken 6. Klasse
© Brigg Pädagogik Verlag GmbH, Augsburg

☞☞ Planspiel: „Firma Decker vor dem Aus!"

(F) Amt für Wirtschaftsförderung des Bundeslandes

Immer dann, wenn Arbeitsplätze in Gefahr sind, ertönt der Ruf nach staatlichen Subventionen und Bürgschaften. So auch im Falle der Firma Decker in Groß Hofling. Bürgermeister Groß hat in einem Gespräch bereits angedeutet, dass die Gemeinde unter Umständen für einige Jahre auf die Gewerbesteuer seitens der Firma verzichten könnte, wenn der Betrieb in Groß Hofling weitergeführt wird.

Für Kredit – Bürgschaften ist eher das Land zuständig bzw. das Amt für Wirtschaftsförderung. Von dieser Seite können unter bestimmten Bedingungen auch beträchtliche Finanzhilfen gewährt werden, angefangen bei günstigen Krediten bis hin zu Zuschüssen im Rahmen der regionalen Wirtschaftsförderung. Falls Groß Hofling in das Förderprogramm der Europäischen Union als besonders sensible Region aufgenommen wird, wären zusätzliche Fördermittel in Millionenhöhe zu erwarten. Die Entscheidung darüber fällt in Kürze.

Astleitner/Krassnig/Wehlend: Lern- und Arbeitstechniken 6. Klasse
© Brigg Pädagogik Verlag GmbH, Augsburg

☞☞ Planspiel: „Firma Decker vor dem Aus!"

Stellungnahme bei der Konferenz über unsere Entscheidung(en)

Gruppe: _____

1. Vorstellen der einzelnen Gruppenmitglieder:

....

....

....

2. Welche Aufgabe hatten wir im Spiel? Welches Ziel verfolgten wir am Beginn?

....

....

....

3. Informationen, die uns geholfen haben, waren / sind:

....

....

....

4. Unsere Verhandlungs(teil)ergebnisse mit den Gruppen sind:

....

....

....

5. Daraus resultiert unser Lösungsvorschlag:

....

....

....

Themenkreis: **Selbstständigkeit und Eigenverantwortung**

Astleitner/Krassnig/Wehlend: Lern- und Arbeitstechniken 6. Klasse
© Brigg Pädagogik Verlag GmbH, Augsburg

Diagnose   Lerntagebuch

PLANSPIEL

Ein Tagebuch dient dazu seine Erlebnisse, Gefühle und Gedanken aufzuschreiben. Das Lerntagebuch soll dir helfen dein eigenes Lernen genauer unter „die Lupe zu nehmen", deine Stärken und Schwächen besser einzuschätzen und selbstständig zu überlegen, was du noch besser machen könntest. Schreibe daher nach dem Bearbeiten der einzelnen Aufgaben zum Thema „Planspiel" auf, was du gelernt hast, was du bereits gut kannst, was dir Spaß gemacht hat und was noch Probleme bereitet.

Das habe ich gelernt:

Besonders leicht gefallen ist mir:

Das gefiel mir besonders gut:

Das müsste ich noch üben:

Astleitner/Krassnig/Wehlend: Lern- und Arbeitstechniken 6. Klasse
© Brigg Pädagogik Verlag GmbH, Augsburg

Themenkreis: **Selbstständigkeit und Eigenverantwortung**

In der Welt der Musik

Seite 17:

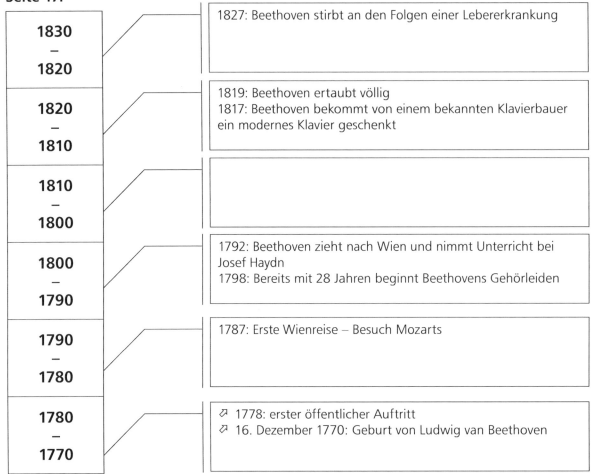

1830 – 1820	1827: Beethoven stirbt an den Folgen einer Lebererkrankung
1820 – 1810	1819: Beethoven ertaubt völlig 1817: Beethoven bekommt von einem bekannten Klavierbauer ein modernes Klavier geschenkt
1810 – 1800	
1800 – 1790	1792: Beethoven zieht nach Wien und nimmt Unterricht bei Josef Haydn 1798: Bereits mit 28 Jahren beginnt Beethovens Gehörleiden
1790 – 1780	1787: Erste Wienreise – Besuch Mozarts
1780 – 1770	⤢ 1778: erster öffentlicher Auftritt ⤢ 16. Dezember 1770: Geburt von Ludwig van Beethoven

Traumjob?

Seite 27:

Lehrerkonferenz, wichtigen, Girlgroup, Taschenspiegel, Vortrag, Schwester, senden

Seite 30:

Welchen Vorteil haben persönliche Gespräche für die Arbeitnehmer/innen? In persönlichen Gesprächen werden Ideen ausgetauscht, die das Gelingen einer Arbeit unterstützen können.

Wie heißt die Form der Arbeit, die räumlich entfernt von der Firma erledigt wird? Telearbeit heißt die Form der Arbeit, die räumlich entfernt von der Firma erledigt wird.

Wie finden Gespräche mit Vorgesetzten statt? Gespräche mit Vorgesetzten laufen über Telefon und Mail.

Welche Kosten sparen die Unternehmen ein? Die Räume im Firmengebäude werden eingespart und damit auch Kosten.

Welche Gefahr bringt Telearbeit mit sich? Eine Gefahr ist, dass die Grenze zwischen Arbeit und Freizeit verschwimmt.

Welchen Vorteil versprechen sich Unternehmer von der Telearbeit? Die Unternehmer hoffen, dass die Mitarbeiter/innen bessere Arbeitsleistungen bringen.

Wovon sind die Arbeitnehmer/innen durch Telearbeit ausgeschlossen? Die Arbeitnehmer/innen sind vom sozialen Leben in der Firma ausgeschlossen.

Wodurch haben die Arbeitnehmer/innen jederzeit Zugriff auf Firmendaten? Computer und Internetanschluss ermöglichen jederzeit Zugriff auf Firmendaten.

Astleitner/Krassnig/Wehlend: Lern- und Arbeitstechniken 6. Klasse
© Brigg Pädagogik Verlag GmbH, Augsburg

Seite 31:

f/r/r/f/f/r/r/r/r/r/f

Seite 33:

Was ist Telearbeit: Arbeitsplatz zu Hause, Arbeiten zu unüblichen Zeiten, Zugriff auf Firmendaten durch Computer und Internetanschluss, Arbeitsergebnisse online an die Firma

Vorteile: keine Fahrtkosten, Arbeit selbst einteilen, bessere Arbeitsleistungen, geringere Kontrollmöglichkeit durch den Chef/die Chefin, Firma spart Kosten, Räume, Zeitersparnis

Nachteile: ausgeschlossen vom sozialen Leben, kein Meinungsaustausch, Grenze zwischen Arbeit und Freizeit verschwimmt, keine persönlichen Kontakte zu den Kollegen/innen, längere Arbeitszeiten

Streck dich!

Seite 42:

Der Wirbel setzt sich aus einem Wirbelkörper, einem Wirbelloch, einem Dornfortsatz und zwei Querfortsätzen zusammen. Zwischen den einzelnen Wirbelkörpern liegen die Zwischenwirbelscheiben = Bandscheiben, die als „Stoßdämpfer" wirken. Im Wirbelloch befindet sich das Rückenmark, das Nervenfasern beinhaltet. An den Querfortsätzen und dem Dornfortsatz setzen die Muskeln an. Die Wirbelsäule besteht aus 33 Wirbeln und ist jener Teil des Bewegungs- und Stützapparates, der durch das Tragen und Heben am stärksten in Anspruch genommen wird. Die elastischen Knorpelscheiben zwischen den Wirbeln, die Bandscheiben = Zwischenwirbelscheiben haben eine federnde Wirkung, die durch die doppel – s – förmige Krümmung der Wirbelsäule noch verstärkt wird.

Seite 46

Wie hoch soll die Arbeitsfläche an einem Computerarbeitsplatz sein? 72 cm

In welchem Winkel soll der Blick auf Monitor und Tastatur erfolgen um scharfes Sehen zu gewährleisten? 30 Grad

In welchem Abstand soll man vom Bildschirm entfernt sitzen? 35 cm

Wie hoch soll der Monitortisch sein? 61 cm

Ein ergonomisch richtiger Bürostuhl hat Rollen, ist höhenverstellbar, hat eine bewegliche Rückenlehne

Stars and StripEs

Seite 58:

Erste Flugmöglichkeit

→ An welchem Wochentag kannst du um 10:05 von Frankfurt/Main nach New York fliegen? Samstag

→ Wie lange beträgt die Gesamtflugzeit? 8 Stunden 45 Minuten

→ Laut Flugplan kommst du um 12 Uhr 50 (Lokalzeit) in New York an! Wie viele Stunden Zeitverschiebung liegen zwischen Frankfurt und New York? 6 Stunden

→ Wie heißt der Flughafen an dem du in New York ankommst? Was bedeuten diese drei Buchstaben? Welche ermordete amerikanische Persönlichkeit verbirgt sich dahinter? John Fitzgerald Kennedy (1917 – 1963); J. F. Kennedy war der 35. Präsident der USA.

Zweite Flugmöglichkeit

→ An welchen Wochentagen fliegt diese Maschine? Die Maschine fliegt täglich

→ Wie lange fliegst du mit dieser Maschine? 8 Stunden 25 Minuten

→ Wie viel Flugzeit ersparst du dir gegenüber der ersten Maschine? 20 Minuten

Astleitner/Krassnig/Wehlend: Lern- und Arbeitstechniken 6. Klasse
© Brigg Pädagogik Verlag GmbH, Augsburg

Seite 60:

W	G	W	D	E	T	C	E	N	T	R	A	L	P	A	R	K	N	N	M	K	K	K
B	N	N	H	H	J	U	J	U	I	I	L	A	A	A	S	Q	W	Q	Y	B	Y	J
R	E	R	T	Z	U	S	W	M	E	L	R	A	H	L	L	M	M	M	Q	B	Y	Z
O	B	B	L	Ö	Ü	P	O	P	O	I	U	G	U	T	R	R	R	L	M	X	Z	
O	T	T	R	R	E	W	Q	A	A	Y	F	X	R	V	V	B	N	M	K	U	X	U
K	V	V	Y	A	S	M	M	N	M	H	R	H	O	H	Z	Z	I	I	K	E	C	I
L	E	M	P	I	R	E	S	T	A	T	E	B	U	I	L	D	I	N	G	S	C	O
Y	E	E	R	T	Z	T	T	Z	N	I	I	N	I	O	P	Ü	Ü	Ö	U	V	O	
N	E	W	Y	O	R	K	B	B	H	B	H	B	D	L	L	K	K	T	P	M	V	P
B	Q	A	Q	D	E	D	E	D	A	D	E	Y	Z	X	C	C	V	E	I	M	J	Q
R	Ö	Ä	Ö	Ü	Ä	Ü	Ä	L	T	O	I	H	E	H	S	D	D	E	I	I	J	Q
I	O	P	P	Ü	Ö	Ä	Ö	L	T	M	T	N	R	V	C	S	S	R	U	E	L	Y
D	X	N	O	R	B	Y	X	C	A	V	S	B	O	M	Ä	Ö	L	T	Z	H	O	A
G	J	H	G	G	F	F	D	S	N	D	S	A	Q	W	E	W	T	S	Z	N	P	W
E	Q	A	Y	W	S	C	H	I	N	A	T	O	W	N	G	B	Z	L	T	E	Ü	D
D	O	K	Z	A	M	U	J	M	I	K	A	L	O	P	Ü	Ä	Ä	L	R	G	Ä	A
U	N	O	H	E	A	D	Q	U	A	R	T	E	R	S	D	F	D	A	Y	G	Ä	O
R	T	Z	Z	T	R	E	E	R	T	Z	U	H	J	K	K	J	H	W	X	U	Q	R
H	J	R	O	C	K	E	F	E	L	L	E	R	C	E	N	T	E	R	C	G	Y	B

Seite 62:

⛓ An welchem Tag wird Thanksgiving gefeiert? Vierter Donnerstag im November

⛓ Suche dir ein Hotel in der Preisklasse „$" im Stadtteil Brooklyn! Z. B. Best Western Ambassador, Hotel Best Western Gregory, Hotel Comfort Inn Central Park West

⛓ Du möchtest einen kleinen, preiswerten Imbiss zu dir nehmen. Welche Möglichkeiten hast du in New York? Kleine Mahlzeiten zwischendurch: Möchten Sie eine leichte Mahlzeit oder nur einen Snack kaufen, bieten sich Coffee Shops, die bekannten Fast-Food- und Sandwich-Ketten sowie Pizzerias und Delis an. Deli leitet sich von Delikatessen ab, wobei zumeist einfaches, aber leckeres Essen gereicht wird. Sie haben sich bereits zu einer New Yorker Institution entwickelt. Berühmt sind Carnegie Delicatessen und Katz' Deli. Es gibt Delis, in denen Sie sitzen und speisen können und solche, die die Gerichte zum Mitnehmen einpacken. Eine weitere Möglichkeit, den kleinen Hunger zu stillen, sind Lokale wie Diners und Luncheonettes. Das Essen ist zwar nicht unbedingt von allerfeinster Qualität, dafür reichlich und günstig. Im Stil der 50er Jahre ist Ellen's Stardust Diner eingerichtet, in dem die Kellner sogar singen. Typisch ukrainische Speisen gibt es im Veselka zu zivilen Preisen. Die Straßenhändler verkaufen zudem Brezeln, Hot Dogs und andere kleine Snacks. Dieses Essen ist um ein Wesentliches günstiger als in Restaurants und schont zwischendurch den Geldbeutel. (www.newyork.de)

⛓ Wo gibt es kostenlos Subway-Pläne und wann ist diese Institution werktags in Midtown geöffnet? Information in der Station: Es gibt jeweils eine Anschlagtafel vom Passenger Information Center, die eine Subway-Karte und einen Stadtplan für die nähere Umgebung enthält. Am Verkaufsschalter bekommen Sie kostenlos einen Subwayplan sowie weitere Informationen. Besucherinformationen vor Ort

Midtown New York City's Official VisitorInformation Center
810 Seventh Avenue, 52nd & 53rd Street
Tel: 212/484-1222
Öffnungszeiten: Mo – Fr: 8 – 18 Uhr , Sa u. So und feiertags: 8 – 17 Uhr

⛓ Informiere dich über Taxis in „Big Apple"! Wie viel Trinkgeld erwartet der Fahrer? Der Endpreis einer Fahrt richtet sich nach der Entfernung und der Zeit. Für die erste 1/3 Meile werden $2,50 auf dem Taxameter veranschlagt, für die weiteren 1/5 Meilen

Astleitner/Krassnig/Wehlend: Lern- und Arbeitstechniken 6. Klasse
© Brigg Pädagogik Verlag GmbH, Augsburg

jeweils 40¢ und 40¢ im Zwei-Minuten-Takt, wenn das Taxi im Verkehr steht. Zwischen 20 Uhr und 6 Uhr morgens wird ein Nachtzuschlag von 50¢ erhoben. Zusätzlich kommen Tunnel- und Brückengebühren hinzu. Jeder Taxifahrer erwartet ein Trinkgeld von 15% des Endbetrages

Du bist zu Fuß in der Stadt unterwegs. Was bekommst du in Chinatown zu sehen? Südlich der Canal Street befindet sich das geschäftige Chinatown, das sich über die Jahre bis in die Lower East Side und Little Italy ausgedehnt hat. In den Straßen zwischen Worth und Hester sowie East Broadway und West Broadway lebt die größte asiatische Gemeinschaft in Nordamerika. Die Hauptstraße in diesem Viertel ist Canal Street. Hier findet der Besucher traditionelle chinesische Geschäfte mit Heilpflanzen und Gewürzen, Lebensmittelläden und eine Vielfalt an exotischen Früchten. Auch die typischen Pagoden und Händler, die wunderschönen Schmuck und Seidengewänder anpreisen, tragen zur asiatischen Atmosphäre bei. Der Duft der unzähligen Restaurants mit feinster chinesischer Küche erfüllt die Straßen. Spezialitäten sind Dim Sum, gebratene Nudeln und extravagante Festessen aus verschiedenen chinesischen Regionen.

Seite 63:

1. Wann wurden die ersten Benzin betriebenen Taxis eingeführt? 1907

2. Wie hieß der erste Milliardär der Welt? John D. Rockefeller

3. Welche bekannte Millionäre kamen beim Untergang der Titanic ums Leben? John J. Astor III, Isidor Straus, Benjamin Guggenheim

4. Wie hieß die erste Boulevardzeitung der Stadt? New York Daily News

5. Wann gab es eine große Polio-Epidemie in New York? 1916

6. Welche Gäste hat das Restaurant Vincent Sardis´s? Theaterbesucher

7. Wann bekamen die Frauen das Wahlrecht? 1920

8. Warum kamen 1920 in der Wallstreet 38 Menschen ums Leben? Eine Bombe tötete sie.

9. Welches Schiff versank 1904? Das Dampfschiff General Slocum

10. Von wem hat der Teddybär seinen Namen? Vom Präsidenten Theodore Roosevelt, der auch Teddy Bear genannt wurde.

Seite 66:

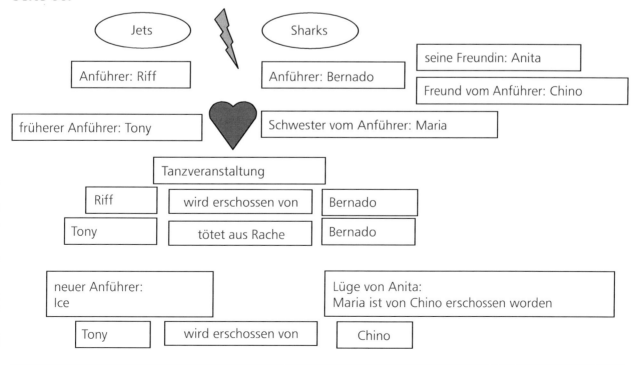

Astleitner/Krassnig/Wehlend: Lern- und Arbeitstechniken 6. Klasse
© Brigg Pädagogik Verlag GmbH, Augsburg

Seite 68:

Alles klar? Bin sehr glücklich und verliebt in New York und weinte vor Freude, als ich diese Stadt sah. Verwirrt und übermüdet sende ich dir nur zum Spaß einen Kuss. Habe einen netten Tag, ich sehe dich. Erika

Leben und leben lassen

Seite 75:

Atmosphäre – Lufthülle der Erde
Treibhausgas – Gas, das zu Erwärmung führt
Kohlendioxid – ein Gas
Erosion – Abtragung und Zerstörung an der Erdoberfläche durch Wasser und Wind
Ozon – besondere Form des Sauerstoffs

Seite 76:

Exzerpieren bedeutet einen Auszug z.B. aus einem Buch machen

Astleitner/Krassnig/Wehlend: Lern- und Arbeitstechniken 6. Klasse
© Brigg Pädagogik Verlag GmbH, Augsburg

Abraham, U. u. a.: Praxis des Deutschunterrichts. Arbeitsfelder. Tätigkeiten. Methoden. Donauwörth: Auer, 1998

Amann, K. u.a. (Hrsg.): Deutschunterricht. Erfahrungen, Modelle, Theorien. Innsbruck: Österreichischer Studienverlag, 19

Astleitner, D./**Wehlend**, G.: Entdeckungsreisen mit Leseforscher Franz – Arbeitshefte 1-4. Wien: HPT, 1997

Badegruber, B.: Offenes Lernen in 28 Schritten. Linz: Veritas, 19922

Beisbart, O. u. a.: Leseförderung und Lese-erziehung. Theorie und Praxis des Umgangs mit Büchern für junge Leser. Donauwörth: Auer, 1993.

Birkenbihl, V. G.: Stroh im Kopf. Gebrauchsan-leitung fürs Gehirn. Landsberg: mvg, 1997

Brenner, G. (Hrsg.): Die Fundgrube für den Deutsch-Unterricht. Frankfurt am Main: Cornelsen Scriptor, 1995

Fisgus, C./**Kraft**, G.: „Hilf mir es selbst zu tun!". Donauwörth: Auer, 1994

Gugl, G.: Methoden-Manual I & II: „Neues Ler-nen". Tausend neue Praxisvorschläge für Schule und Lehrerbildung. Weinheim: beltz, 1998

Karg, H. H./**Schreiner**, K.: Aufsatzformen in der Sek. I. München: Oldenbourg, 19976

Kliebisch, U./**Schmitz**, P.: Methodentrainer. Berlin: Cornelsen, 2001

Klippert, H.: Kommunikationstraining.Übungs-bausteine für den Unterricht. Weinheim/Basel: Beltz, 19984

Klippert, H.: Methodentraining. Übungsbausteine für den Unterricht. Weinheim/Basel: Beltz, 19987

Klippert, H.: Pädagogische Schulentwicklung. Planungs- und Arbeitshilfen zur Förderung einer neuen Lernkultur. Weinheim/Basel: Beltz, 2000

Klippert, H.: Teamentwicklung im Klassenraum. Übungsbausteine für den Unterricht. Weinheim/Basel: Beltz, 1998

Klippert, H.: Planspiele. Weinheim-Basel: Belz, 1996

Koechlin, C./**Zwaan**, S.: Informationen: beschaf-fen, bewerten, benutzen. Mühlheim: Verlag an der Ruhr, 1998

Kret, E.: Anders Lernen. Tips für den offenen Unterricht. Linz: Veritas, 19973

Krones, H.: Ludwig van Beethoven. Wien: Holz-hausen, 1999

Kurier Sonderbeilage Klimawandel und Artenschutz, 23.9.2004

Mettenleiter, P./**Nußbaum**, R.: Unterrichtsideen Deutsch. 24 Vorschläge für einen anregenden Deutschunterricht. Stuttgart: Klett, 19923

National Geographic Deutschland 9/2002, S. 77-91

Pallasch, W./**Zopf**, D.: Methodix. Bausteine für den Unterricht. Weinheim: Beltz, 19916

Pallasch, W./**Zopf**, D.: Praktix. Bausteine für den Unterricht II. Weinheim: Beltz, 19912

Portmann, R./**Schneider**, E.: Spiele zur Entspannung und Konzentration. München: Don Bosco, 1995

Praxis Deutsch 164/Nov. 2000

Realschule Enger: Lernkompetenz I und II. Bau-steine für eigenständiges Lernen. Berlin: Cornelsen, 2001.

Rooyackers, P.: 100 Spiele mit Sprache. Seelze: Kallmeyer, 1998

Schmalohr, E.: Das Erlebnis des Lesens. Grundla-gen einer erzählenden Lesepsychologie. Stuttgart: Klett-Cotta, 1997

Schmitz, A.: Kreatives Schreiben in der Haupt-schule. Psychologische Hilfe und pädagogische Chance bei der Erziehungsarbeit. Donauwörth: Auer, 1998

Schneider, M./**Steininger**, E.: Spielmodelle. Wien: ÖBV, 1987

Schuster, K.: Einführung in die Fachdidaktik Deutsch. Baltmannsweiler: Schneider, 19932

Sehrbrock, P.: Freiarbeit in der Sekundarstufe I. Frankfurt am Main: Cornelsen Scriptor, 1993

Stieren, B.(Hrsg.): Offener Unterricht im 5./6. Schuljahr. München: Oldenbourg GmbH, 1993

Weinhäupl, W. (Hrsg.): Lust auf Schule. Offener Unterricht in der Mittelstufe. Linz: Veritas, 1995

Wicke, E.: Handeln und Sprechen im Deutsch-unterricht. München: Verlag für Deutsch, 1995

Wildner, P.P. (Hrsg.): Deutschunterricht in Österreich. Versuch eines Überblicks. Frankfurt am Main: Peter Lang GmbH, 1995